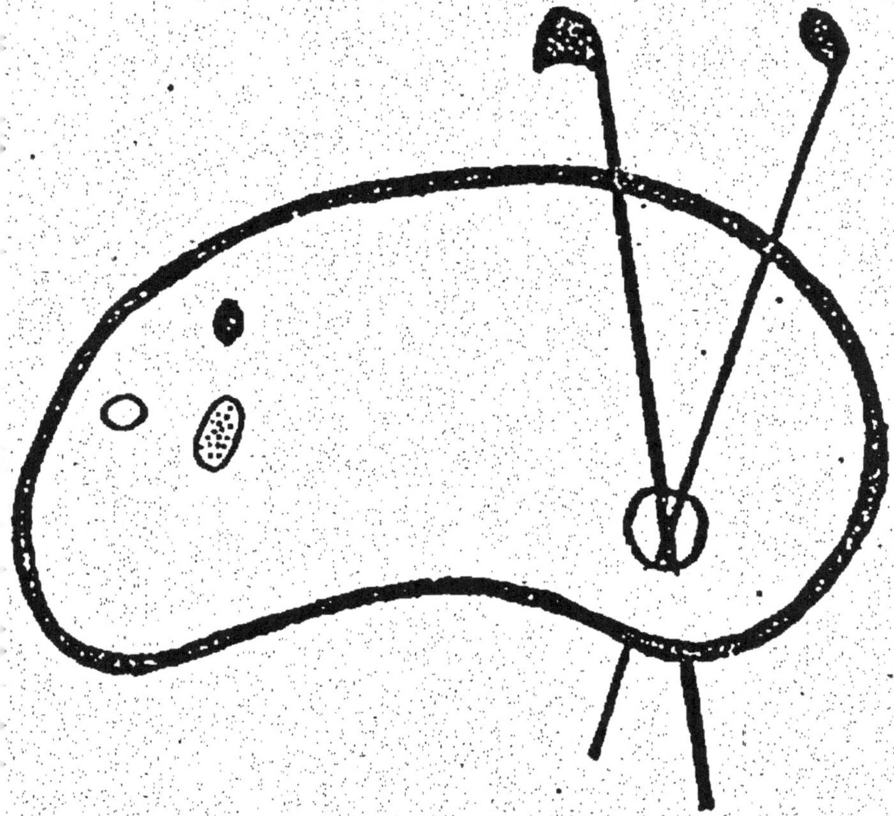

DEBUT D'UNE SERIE DE DOCUMENTS
EN COULEUR

UNIVERSITÉ DE LIÉGE

OUVERTURE SOLENNELLE DES COURS

ANNÉE ACADÉMIQUE 1888-89

DISCOURS INAUGURAL & RAPPORT

DE

M. le Recteur Ad. WASSEIGE

PROGRAMME DES COURS

LIÉGE

IMPRIMERIE DE LÉON DE THIER

1887

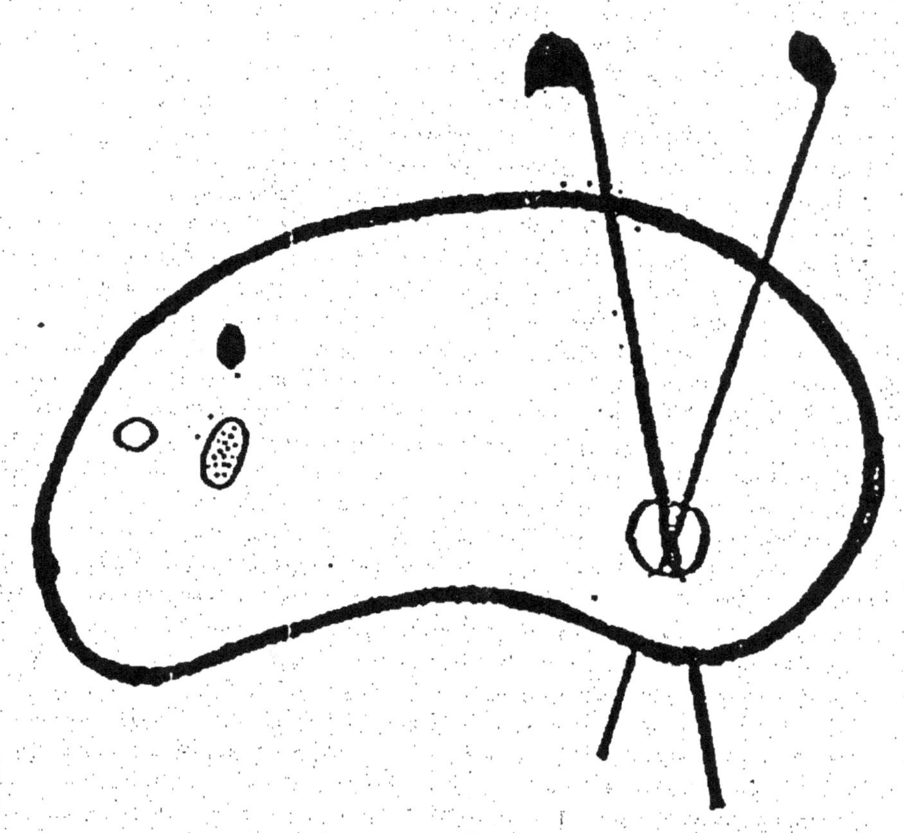

FIN D'UNE SERIE DE DOCUMENTS
EN COULEUR

UNIVERSITÉ DE LIÉGE

OUVERTURE SOLENNELLE DES COURS

ANNÉE ACADÉMIQUE 1888-89

DISCOURS INAUGURAL & RAPPORT

DE

M. le Recteur Ad. WASSEIGE

PROGRAMME DES COURS

DISPOSITIONS RÉGLEMENTAIRES

LIÉGE

IMPRIMERIE DE LÉON DE THIER

1888

DE LA
PRÉPARATION AUX ÉTUDES UNIVERSITAIRES

DISCOURS INAUGURAL

PRONONCÉ PAR

M. le Recteur Ad. WASSEIGE

A LA SALLE ACADÉMIQUE DE L'UNIVERSITÉ DE LIÉGE

LE 16 OCTOBRE 1888

Messieurs,

Je me propose de soumettre à votre jugement quelques pensées que m'ont suggérées les nombreuses observations que j'ai pu faire et que l'on m'a faites, sur l'esprit de la jeunesse universitaire, sur les causes de cet esprit, sur les remèdes qu'il serait possible d'y apporter.

Quel que soit le but particulier poursuivi par les différentes catégories d'élèves qui suivent les cours de l'Université, leur désir est d'arriver à se créer une situation telle qu'ils se trouvent récompensés de leurs travaux par une vie heureuse et par une position honorable dans la société.

Or, dans quel genre de satisfactions cherche-t-on généralement le bonheur ? Ai-je besoin d'insister pour montrer qu'on le poursuit surtout dans ce que je nommerai une *vie extérieure?*

C'est le désir de briller dans le monde, ce sont les

satisfactions de la vanité, la richesse, le luxe, l'éclat qui séduisent la plupart des hommes. Chacun s'empresse de jouir.

A peine sorti de l'Université, on a hâte de gagner largement sa vie, de profiter de sa situation pour mener une existence de plaisirs. Les études sont abandonnées. Si l'on pratique un art ou une profession, on n'est heureux que quand on se sent libre d'aller à ses plaisirs habituels.

Cette recherche continue de distractions finit par conduire à l'abandon complet de tout travail qui n'a pas pour résultat immédiat de fournir l'aliment nécessaire à cette existence.

La poursuite de l'argent et la fainéantise deviennent les buts essentiels d'une semblable vie. Peu à peu s'éteignent ainsi les plus nobles facultés, se paralysent les plus belles intelligences.

Heureux encore si, pour arriver à la richesse, aux honneurs, à la considération du monde, qui va toujours à ce qui brille, on ne fait pas taire la voix de la délicatesse et de l'honneur, si l'on ne trafique pas de ses convictions, si, devenu mauvais père de famille, on ne finit pas par devenir mauvais citoyen.

Cependant, en s'abandonnant ainsi au courant de cette *vie extérieure*, on passe sans s'en douter à côté du bonheur vrai, que l'on avait dans la main, qui venait à vous, qu'il suffisait de reconnaître.

Sans vivre en cénobite, tout en consacrant une part raisonnable de son existence à la société, aux plaisirs et aux distractions qu'elle procure, que d'heures délicieuses on peut trouver dans une vie plus intime, avec soi-même, dans l'étude, le travail, dans ce que je nommerai la *vie intérieure !*

Pour celui qui en connaît le charme, il n'y a jamais d'heures de lassitude, ni d'ennui.

Se suffisant à lui-même, n'ayant pas continuellement besoin de la société des autres pour échapper au vide de ses idées, cet homme sera toujours heureux.

Il y a plus : quelle partie de sa vie un avocat, un médecin, un ingénieur, peut-il consacrer à ces plaisirs extérieurs dans lesquels il voit trop souvent les principales satisfactions de son existence ? Elle est bien petite assurément en comparaison du temps que lui demande l'accomplissement des devoirs de sa profession.

Et cependant, cette profession n'est qu'un instrument pour lui, le procédé par lequel il arrive à se procurer les moyens de poursuivre son genre de vie ; c'est une peine, elle lui est à charge, et elle lui prend la grande part de son existence.

Qu'il lui serait facile pourtant, en comprenant autrement ses devoirs, d'arriver plus aisément, plus sûrement au véritable bonheur ! Il lui suffirait d'aimer sa profession, de la pratiquer avec goût, d'en être fier, de chercher à s'y perfectionner toujours, de ne pas la considérer comme un moyen, mais comme un des buts principaux de sa vie.

* *
*

Pour arriver à ce résultat, il faut aimer le travail, il faut être un homme d'étude. Il faut se trouver dans ces dispositions heureuses où le travail es devenu une habitude agréable, la plus fidèle distraction dans la monotonie de la vie, la plus grande consolation dans les douleurs inévitables qu'elle nous ménage.

Il faut sentir profondément, intimement, ce qu'il y a de vrai dans ces vers de Musset, le poëte de la jeunesse :

> Jours de travail ! Seuls jours où j'ai vécu,
> O trois fois chère solitude !
> Dieu soit loué, j'y suis donc revenu
> A ce vieux cabinet d'étude !

Pour aimer sa profession, il faut ne pas y voir seulement la pratique vulgaire d'un art, il faut posséder suffisamment les sciences servant à son exercice, y trouver un puissant intérêt, se plaire à en constater les applications variées, chercher à leur en découvrir de nouvelles, aimer à en suivre les développements et aider à les faire progresser quand on en a l'occasion et le talent nécessaire.

Il est bien entendu que je ne fais nullement le procès à tout le monde, mais à une tendance malheureuse de la société actuelle.

Les exceptions ne sont pas rares, et les publications nombreuses des savants, des médecins, des ingénieurs, des juristes montrent à l'évidence que beaucoup d'entre eux comprennent bien les devoirs de leur situation.

Voilà pourquoi l'enseignement universitaire ne doit pas se borner à former ce que l'on nomme abusivement des *hommes pratiques*, à fournir à ses élèves les connaissances directement utilisables dans l'exercice futur de leur profession.

Voilà pourquoi nous devons enseigner les sciences pour elles-mêmes, en dehors des préoccupations de leur utilisation, de leurs applications connues.

Nous devons montrer leur évolution.

Les étudiants doivent apprendre comment elles se sont développées pour saisir dans quelle direction et comment elles peuvent évoluer encore, ce que l'on est en droit d'en attendre, ce que l'on peut leur demander et par conséquent dans quel sens la pratique d'un art peut se développer et se perfectionner.

Malheureusement, Messieurs, le temps que passent la plupart des élèves à l'Université est bien court pour qu'ils puissent y acquérir cet amour du travail, ce goût de l'étude qui forment le fond de *cette vie intérieure*, de ce bonheur intime qu'ils doivent y trouver.

Toute leur éducation antérieure devrait les y préparer.

Que de fois je vous ai entendus vous plaindre du peu de goût que manifestent les étudiants pour toutes les spéculations scientifiques, du peu d'intérêt vrai qu'ils prennent à leurs études, de ce qu'ils ne voient dans leurs travaux que le moyen d'arriver le plus commodément et le plus rapidement possible à passer des examens, à obtenir leurs diplômes.

Je ne me dissimule pas que, pour une partie de nos élèves, il n'en sera jamais autrement. Ce qui me peine, c'est de constater combien peu il en est qui échappent à cette manière étroite de comprendre leurs devoirs d'étudiant. Je ne puis écarter de moi l'idée que cet esprit de la jeunesse universitaire est le résultat des conditions dans lesquelles la plupart des élèves abordent les études supérieures.

Leur préparation a été mauvaise; c'est pendant l'adolescence, dans le cours de ces années où se prennent si aisément les habitudes, où se développent les bases du caractère, où se crée ce que l'on a si justement nommé la seconde nature, c'est pendant cette période que le travail, de pénible et rebutant qu'il paraît d'abord, doit devenir, par une pratique continue et persévérante, de plus en plus facile, pour finir par se transformer en habitude.

Il est presque aussi aisé de donner l'habitude du travail au jeune homme bien doué, que de lui laisser gagner celle du plaisir et de la fainéantise. Et quel autre avenir on lui prépare ! Quelle source de satisfactions variées on fait jaillir en lui !

Je n'ignore pas, Messieurs, que les natures d'élite sont tout spontanément attirées par le désir de connaître, tandis que d'autres doivent y être amenées; qu'il en est, et en grand nombre, auxquelles le travail doit être imposé, qui n'y prennent goût que lentement, sur lesquelles il faut exercer une longue pression. Mais je sais aussi quelle est la puissance de l'éducation et ce que peuvent, sur de jeunes intelligences, la volonté des parents, la sollicitude des maîtres, la méthode d'enseignement à laquelle on les soumet.

Sous ce rapport, l'enseignement moyen, au sortir duquel les jeunes gens nous arrivent, a sur eux une influence immense. A lui seul, il peut éveiller et développer le goût de l'étude et préparer ainsi les élèves qu'il forme à devenir de bons étudiants à l'Université.

Or, je ne crains pas de le dire, Messieurs, notre enseignement moyen se trouve actuellement dans l'impossibilité de remplir cette mission.

Je suis persuadé que les dernières lois, qui ont eu pour but de le réorganiser, vont même directement à l'encontre de nos désirs.

D'abord, en supprimant l'examen d'entrée à l'Université, elles ont permis à une foule de jeunes gens de couper court trop tôt à leurs études moyennes, et d'entrer ainsi à l'Université avec les connaissances les plus incomplètes. Tous ces étudiants ne font que la chasse au diplôme; quelques-uns pourront passer des examens suffisants pour obtenir le droit d'exercer une profession libérale, jamais ils ne deviendront des hommes d'étude.

Ensuite, une idée fausse qui a jeté le trouble dans l'enseignement moyen, c'est de le considérer comme devant préparer différemment aux études ultérieures les jeunes gens qui se proposent d'embrasser des carrières différentes.

Forcer des enfants de 13 à 14 ans à choisir la carrière qu'ils suivront plus tard, est une idée tellement étrange, que l'on ne s'explique guère qu'on ait pu la prendre pour base d'une division des études. Tel est cependant le cas. Or, à notre avis, l'enseignement moyen ne doit pas être une préparation à telle ou telle étude supérieure, il doit donner une culture générale nécessaire à tous ceux qui se destinent aux professions libérales, il doit de plus faire aimer le travail et inspirer le goût de l'étude.

Pour cela, cet enseignement ne doit nullement avoir la prétention de fournir à des élèves les éléments de toutes les connaissances que l'on peut désirer rencontrer plus tard chez un homme instruit.

Quelles que soient les qualités d'un jeune homme sortant de l'athénée, il doit continuer à étudier beaucoup, s'il veut gagner des connaissances sérieuses. On peut et on doit compter sur ce travail ultérieur et lui laisser à apprendre plus tard.

Mais il faut lui avoir fait connaître le plaisir du savoir et lui avoir inculqué le désir de compléter, de perfectionner toujours ses connaissances.

Or, pour faire comprendre au jeune homme le charme de l'étude, les différentes matières enseignées formeront autant que possible un ensemble harmonieux dans lequel chacune d'elles se trouve expliquée ou complétée par l'autre.

Suivant le développement progressif de la jeune intelligence qu'il orne, l'enseignement deviendra de plus en plus approfondi, élargira de plus en plus les idées, amènera des conclusions de plus en plus générales, se prêtera à des déductions de plus en plus ingénieuses.

Il doit arriver à les faire naître spontanément dans l'esprit des élèves, éveiller leur initiation, leur faire sentir le plaisir qu'ils éprouveront ainsi en voyant leurs facultés se développer et leur faire entrevoir par là le bonheur qu'ils trouveront plus tard à les perfectionner toujours.

Pour cela, l'enseignement moyen doit savoir se *borner*, choisir un groupe de connaissances dont l'étude, poursuivie pendant plusieurs années, puisse être suffisamment approfondie pour conduire aux résultats que je viens de vous énumérer.

Pour arriver à ce résultat, un temps suffisamment considérable lui sera accordé, et enfin, surtout pendant les premières années, l'attention des jeunes intelligences ne sera pas tiraillée dans différentes directions, ni disséminée sur des sujets trop divers : elle restera concentrée, au contraire, sur ce groupe d'études fondamentales.

Des considérations de ce genre ont-elles servi de guide dans l'élaboration des programmes de l'enseignement moyen ?

Loin de là : on s'est surtout demandé quelles sont les différentes connaissances qu'il est utile de posséder. Et, peu à peu, elles sont venues prendre dans les programmes une place considérable.

De là, un grand nombre d'études très-variées à conduire de front, beaucoup d'initiations, de débuts pénibles et rebutants, énormément de savoir superficiel, trompeur, donnant aux jeunes gens l'illusion de connaissances véritables et ne leur inculquant que des lambeaux de sciences mal comprises, non assimilées et, partant, sans réelle valeur.

Je ne puis m'empêcher de regretter le temps où les études d'humanités complètes, poursuivies pendant toute la durée du séjour au collège, formaient la base de l'éducation scientifique de la jeunesse.

Ces études modifiées, débarrassées de certains exercices surannés, perfectionnées dans différentes directions, m'apparaissent toujours comme devant constituer l'ensemble le plus complet, le plus propre à développer l'intelligence des élèves, à leur inspirer le goût des études, à leur donner ces connaissances indispensables à tout homme instruit.

C'est à cet enseignement que se sont formés tous les grands hommes des siècles derniers; ce sont ces études qui ont servi de base à l'éducation de tous les hommes qui, actuellement, forment l'élite de toutes les nations du monde.

Avant d'abandonner ou de diminuer l'importance de ces études, qui ont été l'origine de notre civilisation, qui ont contribué à amener dans le monde les progrès étonnants de ces derniers siècles, nous devons nous demander si nous pouvons les remplacer sans danger, si nous trouverons, avec avantage, à leur substituer une autre direction.

Je n'ignore pas que l'on pourra me répondre qu'il est devenu nécessaire de connaître certaines langues modernes, que la plupart des progrès accomplis dans ce siècle sont dus surtout au développement des sciences. Je sais qu'un grand nombre de bons esprits appellent de tous leurs vœux une réforme de l'enseignement moyen, y introduisant l'étude des sciences naturelles, des langues modernes et supprimant ou diminuant l'importance du latin et du grec. C'est à cette manière de voir que l'on s'est rallié dans notre pays.

Je ne puis prévoir si ces études remplaceront ou ne remplaceront pas avec avantage les anciennes; je ne veux donc pas affirmer que ces tendances sont mauvaises. Mais ce dont je suis persuadé, c'est que la méthode à suivre dans ces enseignements n'est pas encore trouvée. Ce que je crois intimement, c'est que ce problème , d'une importance immense, a été résolu hâtivement sans étude suffisante.

C'est que, dans notre pays, l'enseignement des sciences naturelles vient à. peine d'être organisé convenablement dans nos Universités et que, par conséquent, il est peu probable qu'il le soit rationnellement dans les écoles primaires et les athénées.

Certes, l'étude des sciences naturelles est une merveilleuse gymnastique pour l'intelligence, mais à quelles intelligences peut-elle rendre ce service?

Est-il utile de faire apprendre par cœur à des enfants les noms des os de la jambe ou du bras, la description du tube digestif et les phénomènes de la circulation ?

Dans quel ordre doit-on enseigner les sciences naturelles ? quelles sont les parties de ces sciences que les jeunes gens de différents âges peuvent comprendre ? Quelle progression doit-on mettre dans cet enseignement ? Quels procédés doit-on employer ? *Comment et où doivent être formés les professeurs ?*

Toutes ces questions, dont l'importance n'échappera à personne, de la solution desquelles dépend le succès ou l'échec, ont été résolues avec une bien grande hâte pour avoir été suffisamment discutées et mûries.

Sans être sûr des effets de cet enseignement, sans expériences antérieures, on a donc, avec bien peu de prudence, diminué l'importance des humanités, porté le trouble dans l'enseignement moyen en surchargeant les programmes et en introduisant des divisions et des subdivisions dans la distribution des études, et l'on a compromis les études moyennes de plusieurs générations d'élèves.

Si l'on croyait nécessaire de donner plus d'importance à l'enseignement des langues modernes et de créer un enseignement des sciences naturelles, on pouvait cependant le faire sans risques, sans compromettre les études classiques. Il suffisait d'augmenter le nombre des classes des athénées, de suivre en cela l'exemple de l'Allemagne, où les élèves des gymnases, tout en faisant d'excellentes humanités, étudient en même temps le français et l'anglais, mais consacrent neuf et même dix ans à leurs études moyennes.

Il n'y aurait qu'un grand bien à attendre d'une pareille mesure. Les jeunes gens n'arrivent que trop tôt à l'université.

S'ils abordaient les études supérieures à 19 ou 20 ans, au lieu de le faire à 16 ou 17 ans et même à 15 ans, ils seraient plus formés, plus sérieux, plus aptes à profiter de l'enseignement supérieur.

EXPOSÉ GÉNÉRAL

DE LA

SITUATION DE L'UNIVERSITÉ

PENDANT L'ANNÉE ACADÉMIQUE 1887-88

POPULATION.

La population de notre Université a subi, pendant l'année académique 1887-88, une assez forte diminution, qui dépend probablement du trop plein qui existe dans toutes les professions libérales et peut-être aussi des inscriptions anticipées que des parents s'étaient hâtés de faire prendre à leurs enfants pendant le cours des deux années précédentes, afin de se soustraire au rétablissement présumé d'un examen d'entrée à l'Université.

Pendant l'année académique 1887-88, 1,470 étudiants ont été immatriculés au rôle général. C'est 97 de moins que l'année dernière. La diminution porte sur les facultés de philosophie, des sciences et sur l'École des mines. Elles perdent respectivement : la 1re, 13 élèves ; la 2me, 59, et la 3me, 26. La faculté de droit a 12 élèves en plus. La faculté de médecine a conservé le même nombre.

Comme on le voit, ce sont les facultés d'entrée et la 1re année des écoles spéciales qui ont subi les diminutions.

Les étudiants se répartissent, entre les facultés et les écoles spéciales, de la manière suivante :

Faculté de philosophie   .   259 élèves, dont 107 nouveaux.
  »   de droit . . . 356 »   » 104   »
  »   des sciences . . 337 »   »   94   »
  »   de médecine . . 255 »   »   62   »
Écoles spéciales   . . . 263 »   »   59   »

Totaux : 1,470 élèves, dont 426 nouveaux.

Des 1,470 inscrits, 129 sont étrangers et 1,341 indigènes. Ceux-ci se répartissent, entre les diverses provinces, dans les proportions suivantes :

Province de Liége 911
  »   Hainaut 101
  »   Limbourg   93
  »   Namur   70
  »   Luxembourg   61
  »   Brabant   59
  »   Anvers   16
  »   Flandre occidentale   16
  »   Flandre orientale   14

Total : 1,341

Les 129 étrangers sont originaires des pays suivants :

Roumanie 26
Hollande 16
Allemagne   9
Bulgarie   9
Russie   9
France   8
Grand-Duché de Luxembourg   8
Italie   7
Amérique   7
Espagne   6
Pologne   6

A reporter : 111

Report : 111

Turquie	4
Grèce	4
Arménie	2
Angleterre	2
Autriche	1
Japon	1
Portugal	1
Serbie	1
Indes orientales	1
Égypte	1

Total : 129

DÉCÈS.

Nous avons perdu, au grand regret de leurs compagnons et de leurs professeurs, deux élèves, auxquels l'Université a rendu les derniers devoirs.

M. Franz Kébers, de Bourg Léopold, élève de la candidature en droit, décédé le 15 mai 1888, et M. Arsène Jenot, élève de l'École normale des humanités, décédé le 31 mai 1888.

L'Université prend une grande part au deuil des familles si cruellement frappées dans leurs plus chères affections.

Le 13 août 1888 est décédé M. Gérard Fœttinger, assistant au cours d'anatomie depuis cinq ans. Il avait contribué, sous la direction de son chef, M. le professeur Swaen, à la création du riche et splendide musée d'anatomie que nous possédons actuellement et qui fait l'admiration de tous les savants qui viennent le visiter.

Un brillant avenir s'ouvrait devant lui; il venait d'être nommé médecin adjoint des établissements de Valentin-Coq lorsque la mort est venue le frapper.

EXAMENS.

FACULTÉS.

1,398 élèves ont pris inscription, pour les examens devant les facultés, pendant les trois sessions de l'année académique. Sur ce nombre :

1,077 élèves ont été examinés.

665 » ont été admis, dont :

427 d'une manière satisfaisante ;
133 avec distinction ;
76 avec grande distinction ;
29 avec la plus grande distinction.

Voici les noms des élèves admis avec la plus grande distinction :

MM.   *A.*   **Faculté de philosophie et lettres.**

1 Bidez, J., de Frameries.   3 Ansiaux, M., de Liége.
2 Picard, G., de Liége.   4 de la Vallée-Poussin, L., de Liége.

MM.   *B.*   **Faculté de droit,**

1 Thiry, G., de Liége.   3 Vandenkieboom, Alph., de Huy.
2 Tart, L., de Liége.

MM.   *C.*   **Faculté des sciences.**

1 Beaupain, J., de Cierreux.   4 Herbillon, Fr., de Hannut.
2 Van Aubel, Ed., de Liége.   5 Stainier, X., de Brye.
3 Bourgeois, Ed., de Liége.

MM.   *D.*   **Faculté de médecine.**

1 Van Beneden, Eug., de Jupille.   5 Corin, J., de Seraing.
2 Ansiaux, G., de Liége.   6 Ledoux, D., de Dilsen.
3 Gendebien, L., d'Engis.   7 Polis, A., de Stembert.
4 Viatour, M., de Liége.   8 Bérard, Ed., de Liége.

9 Corin, G., de Seraing (1).   13 Stainier, Ch., de Geer.
10 Deltour, E., des Awirs.   14 Haps, J., de Liége.
11 Henrard, J., de Liége (1).   15 Labouverie, G., de Tilleur.
12 Palante, H., de Liége.

Les élèves qui ont obtenu la grande distinction sont :

MM.   A   Faculté de philosophie et lettres.

1 Birck, L., de Liége.   6 de Moffarts, P., de Strée.
2 Gerard, E., de Liége.   7 Laumont, E., de Liége.
3 Berryer, P., de Liége.   8 Schwachoffer, E., de Verviers.
4 de Donnéa, Os., de Tongres.   9 Straetmans, W., de Cannes.
5 Delvaux, L., de Liége.

MM.   B.   Faculté de droit.

1 de Lhonneux, J., de Verviers.   8 Lemaire, J., de Maestricht.
2 Bernimolin, A., de Liége.   9 de Coninck, G., d'Harlebeke.
3 Meyer, G., de Ledeberg.   10 Delhaise, A., d'Angleur.
4 Jottrand, E., de Fontaine-   11 Jottrand, A., de Fontaine-
l'Evêque.   l'Evêque.
5 Barlet, E., de Verviers.   12 Rossay, E., de Glons.
6 Dessart, H., de Jemeppe-s/Meuse.   13 Hurion, J., de Dourbes.
7 Francotte, A., de Liége.   14 Falloise, M., de Liége.

MM.   C.   Faculté des sciences.

1 Demaret, L., d'Ath.   6 Delaite, J., de Liége.
2 Brachet, A., de Liége.   7 Wathelet, A., de Saint-Léger.
3 Chabot, A., de Fexhe-Slins.   8 De Marteau, J., de Liége.
4 Herla, V., de Verviers.   9 Devahif, O., de Freux.
5 Leloup, A., de Verviers.

MM.   D.   Faculté de médecine.

1 Lequeux, Ed., de Dinant.   5 Verbiest, St., d'Ostende (2).
2 Coirbay, L., de Liége.   6 Dupuis, J., d'Eben-Emael.
3 Collette, J., de Cornesse.   7 Pirsch, J., de Clermont-lez-
4 Mélon, M., de Limont.   Aubel (2).

(1) MM. Corin et Henrard ont obtenu la plus grande distinction dans deux examens différents.

(2) MM. Verbiest et Pirsch ont obtenu la grande distinction dans deux examens différents.

8 Braine, J., d'Ans.
9 Etienne, Os., de Liége.
10 Grégorius, Ed., de Louvain.
11 Krins, J., de Dison.
12 Leenaers, L., d'Eben-Emael.
13 Leroy, J., de Reppes-Ohey.
14 Moreau, J., de Meeffe.
15 Bienfait, Al., d'Anvers.
16 Dusart,'L., de Mons (Hesbaye).
17 Hogge, Al., de Liége.
18 Lebrun, Ed., de Kermpt.
19 Mahaim, Al., de Momignies.
20 Henrotay, J., de Petit-Rechain.
21 Schellings, L., de Liége.
22 Jeanne, M., de Liége.
23 Lambrette, A., d'Ensival.

24 Mélon, C., de Ligney.
25 Rademaeckers, J., de Maeseyck.
26 Van Clève, L., de Liége.
27 Ancion, Eug., de Verviers (1).
28 Cornil, F., de Châtelet (1).
29 Van Beneden, A., de Jupille.
30 Van der Meulen, G., de Brée (1).
31 Hops, J., de Liége.
32 Walthéry, A., de Wolder.
33 Ansiaux, Er., de Fraiture.
34 Deltour, E., des Awirs.
35 Horé, C., de Moha.
36 Magnée, E., de Hognoul.
37 Palante, H., de Liége.
38 Stainier, Ch., de Geer.
39 Wéry, Ed., de Saint-Georges.

Les élèves qui ont obtenu la distinction sont :

MM. *A.* Faculté de philosophie et lettres.

1 Poncelet, G., de Liége.
2 Delisse, L., de Namur (2).
3 Delmer., Os., de Huy.
4 Dewandre, R., de Liége.
5 Genonceaux, E., de Bruges (2).
6 Gonne, Ad., de Seilles.
7 Hortsmans, Eug., de Liége.
8 Losseau, L., de Thuin.
9 Maréchal, J., de Liége.
10 Pirard, Th., de Verviers.
11 Becker, J., de Mussy-la-Ville.
12 de Moffarts, Ed., de Huy.
13 Neef, M., de Liége.

14 Sougnez, Er., de Liége.
15 Chalon, Oc., de Recogne.
16 Clerfayt, Ch., de Mons.
17 Dumont, F., d'Amay.
18 Fleuriaux, J., de Liége.
19 Garsou, J., de Leers.
20 Gnusé, Ch., de Liége.
21 Hanson, L., de Liége.
22 Heptia, A., de Liége.
23 Magnette, F., d'Arlon.
24 Noirfalise, J., de Liége.
25 Marchot, P. d'Eghezée.

MM. *B.* Faculté de droit.

1 Lühr, Er., de Bruxelles.
2 Flagontier, P., de Verviers (2).

3 Grégoire, M., de Jemeppe-sur-Meuse.

(1) MM. Ancion, Cornil et Van der Meulen ont obtenu la grande distinction dans deux examens différents.

(2) MM. Flagontier, Delisse et Genonceaux ont obtenu la distinction dans deux examens différents.

4 Moest, L., de Liége.
5 Nagels, L., de Maeseyck.
6 Marbaise, L., de Charneux.
7 Demonceau, P., de Liége.
8 Dupont, O., de Ham-sur-Eure.
9 Dutilleux, M., de Haneffe.
10 Dewandre, J., de Bruxelles.
11 Jacob, V., de Warsage.
12 Bon, A., de Liége.
13 Cornesse, F., de Stavelot.
14 Decroon, M., de Liége.
15 de Lamberts, W., de Liége.
16 Dubois, P., de Liége.
17 Dulait, Al., de Charleroi.

18 Fonsny, J., de Hodimont.
19 Goestbloets, A., de Hasselt.
20 Leblan, E., de Chênée.
21 Mali, J., de Verviers.
22 Dupont, E., de Saive.
23 Hanotieau, A., de Gembloux.
24 Sohy, J., de Liége.
25 Chapuis, G., de Heusy.
26 Dumont, Ed., de Bruxelles.
27 Julin, Ar., de Liége.
28 Servais, H., de Chênée.
29 Tilleux, G., de Namur.
30 Goffart, E., d'Ouffet.

MM.   *C.*   **Faculté des sciences.**

1 Dwelshauvers, V., de Liége (1).
2 Firket, V., de Liége (1).
3 Charles, M., de Hodimont.
4 Collette, A., de Seraing.
5 Krins, P., de Dison.
6 Boxho, J., de Polleur.
7 Fossoul, N., de Lize-Seraing.
8 Fronville, A., de Noville-les-Bois.
9 Gérard, J., de Liége.
10 Guilleaume, T., de Spa.

11 Klynens, J., de Montzen.
12 Ledoseray, L., de Liége.
13 Nizet, P., de Clermont-s/Huy.
14 Seeliger, C., de Durbuy.
15 Barthélemi, F., de Romsée.
16 Leduc, Ulr., de Sprimont.
17 Saint-Remy, Os., de Cheratte.
18 Fanchamps, F., de Verviers.
19 Gillet, J., de Liége.
20 Etienne, N., de Liége.

MM.   *D.*   **Faculté de médecine.**

1 Hodiamont, L., de Dison.
2 Sarlet, P., d'Andrimont.
3 Denoel, M., de Bressoux.
4 L'Hoest, L., de Liége.
5 Jamsin, S., de Fléron.
6 Coirbay, L., de Liége.
7 Rabozée, N., d'Anhée (2).

8 Kaeuffer, G., de Goch.
9 Deprez, H., d'Ans.
10 Capon, E., de Neufchâteau.
11 Lamberigts, A., de Neerharen.
12 Léonard, J., de Verviers.
13 Evrard, E., de Verviers.
14 Dupuis, J., d'Eben-Emael.

(1) MM. Dwelshauvers et Firket ont obtenu la distinction dans deux examens différents.

(2) M. Rabozée a obtenu la distinction dans deux examens différents.

15 Legros, C., de Beauraing.
16 Van Beneden, Eug., de Jupille.
17 Bentein, J., de Liége.
18 Berrewaerts, Ch., d'Anvers.
19 Deliége, Ed., de Villers-le-Temple.
20 Docquier, Ed., de Rocour.
21 Henrard, H., de Liége.
22 Mairlot, J., de Nessonvaux.
23 Meckers, G., de Looz-la-Ville.
24 Dache, J., d'Engis.
25 Dejardin, F., de Liége.
26 Lefevre, Oct., de Marchienne.
27 Lewuillon, A., d'Etalle.
28 Dejardin, A., de Liége.
29 Grosjean, A., de Lamhermont.
30 Jourdain, F., de Marcinelle.
31 Clermont, G., de Verviers.
32 Detienne, A., de Huy.
33 François, E., de Binche.
34 Herman, M., de Herstal.
35 Delaive, E., de Seraing.
36 Goffin, Ed., d'Emine (1).
37 Saroléa, Er., de Hasselt.
38 Bérard, Ed., de Liége.
39 Collard, Ed., de Pailhe.
40 Frankignoulle, Al., de Liége.
41 Jamsin, S., de Fléron.
42 Van Beneden, A., de Jupille.
43 Ansiaux, E., de Fraiture.
44 Henry, Al., de Ciney (1).
45 Horé, C., de Moha.
46 Magnée, T., de Hognoul.
47 Ubaghs, A., de Hulsberg.
48 Bormans, Ch., de Goyer.
49 Haidant, Al., de Vinalmont.
50 Dellicour, J., de Verviers.

ÉCOLES SPÉCIALES.

217 élèves ont pris inscription pour les examens.

Sur 209 élèves qui ont été examinés, 179 ont été admis, dont :

4 avec la plus grande distinction.
15 avec grande distinction.
41 avec distinction.
119 d'une manière satisfaisante.

58 élèves se sont présentés à l'examen final ; 54 ont reçu le diplôme, savoir :

13 en qualité d'ingénieurs honoraires des mines.
13 id. id. civils id.
15 id. id. id. des Arts et Manufactures.
6 id. id. id. mécaniciens.
7 id. id. électriciens.

(1) MM. Goffin et Henry ont obtenu la distinction dans deux examens différents.

Ont obtenu la plus grande distinction :

MM.

1 Derclaye, O., de Liége.
2 Halleux, A., de Liége.
3 Corin, F., de Seraing.
4 Pescetto, F., de Gênes.

Ont obtenu la grande distinction :

MM.

1 Lebacqz, J., d'Oberhausen.
2 Denoel, L., de Verviers.
3 Firket, V., de Liége.
4 Tasté, Al., de Verviers.
5 Discry, E., de Liége.
6 Timmerhans, Ch., de Liége.
7 Nagelmackers, G., de Liége.
8 François, E., de Seraing.
9 De Bast, O., de Gand.
10 Dehasse, G., de Liége.
11 Marchand, L., de Rotheux.
12 Zunini, L., de Savone.
13 Pierard, E., de Gimnée.
14 Becker, H., de Liége.
15 Henrard, G., de Herstal.

Ont obtenu la distinction :

MM.

1 Canfrère, Ph., de Paris.
2 Dehasse, J., de Liége.
3 Dewandre, E., de Charleroi.
4 François, F., de Seraing.
5 Gillet, A., de Seraing.
6 Habets, M., de Liége.
7 Dethioux, J., de Pousset.
8 Mali, C., de Verviers.
9 Dwelshauvers, V., de Liége.
10 Braconier, E., de Montegnée.
11 Lhoest, H., de Hamoir.
12 Verniory, L., de Seraing.
13 Dewandre, P., de Charleroi.
14 Francken, F., de Grâce-Berleur.
15 Barlet, H., de Verviers.
16 Thiriart, L., de Liége.
17 Loewenstein, A., de Paris.
18 Fréderix, Ch., de Liége.
19 Dupont, H., de Liége.
20 Schmidt, Ed., de Liége.
21 Faucan, J., de Liége.
22 Beduwé, L., de Liége.
23 Noirfalise, L., de Liége.
24 Collin, A., de Liége.
25 Schneider, H., de Verviers.
26 Bicheroux, F., de Jemeppe.
27 Muller, E., de Saint-Marc.
28 Crismer, H., de Stavelot.
29 Collette, M., de Liége.
30 Peniakoff, M., de Backhmut.
31 François, L., de Huy.
32 Orval, E., de Prayon.
33 Janssen, A., de Cologne.
34 Broad, C., de Fernambouc.
35 Tattarescu, M., de Bucharest.
36 Scharff, P., de Vienne.
37 Nicodème, P., d'Anthée
38 Orban, Ch., de Liége.
39 Boussart, L, de Liége.
40 Astfalck, A., de Vienne.
41 Vanden Abeele, C., d'Anvers.

EXAMENS SCIENTIFIQUES.

Le 5 novembre 1887, M. Constantin Gheuca, de Jassy (Roumanie), a subi, d'une manière satisfaisante, la première épreuve du doctorat en droit.

Le 17 décembre 1887, M. Dicran Tadjian, de Constantinople, a subi, avec distinction, la première épreuve du doctorat en droit.

Le 10 février 1888, M. Constantin Marian-Nicolescu, de Bucharest, a subi, d'une manière satisfaisante, la première épreuve du doctorat en sciences politiques et administratives.

Le 24 février 1888, M. Nicolas Selveli, de Tirnova (Bulgarie), a subi, d'une manière satisfaisante, la première épreuve du doctorat en droit.

Le même jour, M. Constantin Ivasco, de Jassy (Roumanie), a subi, avec distinction, la seconde épreuve du doctorat en droit.

Le 21 avril 1888, M. Georges Motzoc, de Piatra (Roumanie), a subi, d'une manière satisfaisante, la première épreuve du doctorat en sciences politiques et administratives.

Le 26 mai 1888, M. Constantin Crasnaru, de Tergu Jiu (Roumanie), a subi, d'une manière satisfaisante, la seconde épreuve du doctorat en droit.

Le 15 juin 1888, MM. Alexandre Constantinescu, de Buséo (Bulgarie), et Georges Ghitescu, de Folléceni (Roumanie), ont subi respectivement la première et la seconde épreuve du doctorat en droit, le premier, d'une manière satisfaisante, le second, avec grande distinction.

Le 9 juillet 1888, MM. Nicolas Tempiano, de Bucharest, Théodore Kresteff, de Perouchtitza (Bulgarie), et Ferdinand de Behr, de Liége, ont subi respectivement l'épreuve de la candidature en droit et du doctorat en sciences politiques et administratives, le premier, d'une manière satisfaisante, le second, avec grande distinction, et le troisième, avec la plus grande distinction.

DISCIPLINE.

Le Conseil académique a dû prononcer contre un élève la peine de l'exclusion temporaire.

PERSONNEL ENSEIGNANT

DÉCÈS.

Le corps professoral a encore fait, cette année, des pertes douloureuses.

Le 21 octobre 1887 est décédé à Liége M. A. Troisfontaines, professeur ordinaire à la faculté de philosophie et lettres. La modestie extrême de ce regretté collègue l'a engagé à refuser les honneurs académiques. Seul, un ami, M. le professeur Leroy, a été autorisé par la famille à prononcer à la maison mortuaire quelques paroles d'adieu; nous eussions voulu pouvoir rendre un hommage public à ce savant estimé de tous, à ce professeur distingué que nous n'oublierons pas.

Le 22 janvier 1888 est décédé à Liége M. Hyacinthe Sauveur, professeur émérite à la faculté de médecine. Sauveur aussi avait pour caractère essentiel la modestie ; il s'est soustrait aux derniers honneurs académiques, comme il s'était soustrait toute sa vie aux honneurs quelconques, qu'il aurait dû recevoir.

Il m'est impossible, à moi un de ses anciens élèves, de penser à lui sans me rappeler ses vastes connaissances, son talent d'exposition, la profondeur de son coup d'œil médical, ses succès thérapeuthiques, sa grande bonté, sa bienveillance et le charme infini que procurait sa causerie fine et profonde.

NOMINATIONS ET ATTRIBUTIONS.

Par arrêté royal du 19 novembre 1887, M. Francotte, Henri, docteur en droit et docteur en philosophie et lettres, a été nommé professeur extraordinaire à la faculté de philosophie et lettres.

Il est chargé des cours d'antiquités romaines et d'histoire politique de l'antiquité.

Par arrêté royal du 12 janvier 1888, M. Masius, V., professeur ordinaire à la faculté de médecine, a été déchargé, sur sa demande, du cours de pathologie générale.

Ses autres attributions lui ont été conservées.

Par arrêté ministériel du même jour, M. Francotte, Xavier, docteur en médecine, chirurgie et accouchements, agrégé spécial près de la faculté de médecine, a été déchargé de ses fonctions d'agrégé spécial et chargé de faire le cours de pathologie générale, en remplacement de M. Masius.

Par arrêté ministériel du 3 mars 1888, M. le professeur Perard a été autorisé à se faire suppléer par M. G. De Heen, chef des travaux pratiques de physique, dans le cours de physique expérimentale générale qu'il donnait aux élèves des candidatures en sciences naturelles, en sciences physiques et mathématiques et en pharmacie, ainsi qu'aux élèves des Écoles spéciales.

Par arrêté royal du 3 mars 1888, M. Roersch, L., professeur ordinaire à la faculté de philosophie et lettres, a été chargé d'y faire le cours d'antiquités grecques, délaissé par feu M. le professeur Troisfontaines.

En exécution de l'arrêté ministériel du 26 juillet 1886, la faculté des sciences, dans sa séance du 22 juin 1888, a nommé M. le professeur ordinaire Dwelhauvers pour remplir les fonctions gratuites d'inspecteur des études à l'École des mines, des arts et manufactures, en remplacement de M. le professeur Dewalque, dont le mandat a expiré le 30 septembre dernier.

Par arrêté royal du 13 août 1888, M. Walthère Spring, professeur ordinaire à la faculté des sciences, a été nommé secrétaire académique pour l'année 1888-1889.

Par arrêté ministériel du 27 août 1888, M. le professeur Léon Fredericq a été autorisé à faire, à la faculté de médecine, un cours facultatif d'exercices pratiques de physiologie.

Par arrêté royal du 10 septembre 1888, M. le professeur Perard a été, sur sa demande, déchargé du cours de physique expérimentale générale, qu'il donnait aux élèves des candidatures en sciences naturelles, en sciences physiques et mathématiques et en pharmacie, ainsi qu'aux élèves des Écoles spéciales.

Par arrêté ministériel du même jour, M. De Heen, ingénieur, a été chargé du cours de physique expérimentale générale délaissé par M. le professeur Perard.

Par arrêté royal du 2 octobre 1888, M. L. Roersch, professeur ordinaire à la faculté de philosophie et lettres, a été nommé recteur de l'Université de Liége pour la période triennale 1888-1891.

DISTINCTIONS HONORIFIQUES.

Par arrêté royal du 21 avril 1888, MM. Charles Loomans, professeur émérite à la faculté de philosophie et lettres et ancien recteur de l'Université de Liége, membre de l'Académie royale des sciences, des lettres et des beaux-arts ; Victor Thiry, professeur émérite à la faculté de droit et ancien recteur de l'Université de Liége, ont été promus au grade de commandeur de l'Ordre de Léopold; — Stecher, J., professeur ordinaire à la faculté de philosophie et lettres, membre de l'Académie royale des sciences, des lettres et des beaux-arts, a été promu au grade d'officier de l'Ordre de Léopold; — Swaen, professeur ordinaire à la faculté de médecine, a été nommé chevalier de l'Ordre de Léopold.

Toutes ces nominations dans l'ordre national ont été accueillies avec le plus vif plaisir par le corps professoral et par les étudiants; elles étaient toutes parfaitement méritées; nous devons cependant déplorer que d'autres collègues, également dignes des faveurs du gouvernement, ne voient pas leur dévoûment et leur talent récompensés jusqu'à présent.

Nous avons ensuite à signaler la nomination au grade d'officier de l'Ordre de Léopold de M. Bormans, administrateur-inspecteur de l'Université de Liége et Président de l'Académie royale de Belgique.

C'est la récompense du zèle dont ce haut fonctionnaire a fait preuve dans l'accomplissement de sa mission.

DISTINCTIONS SCIENTIFIQUES.

Par arrêté royal du 29 novembre 1887, le prix quinquennal des sciences naturelles, période 1882-1886, a été décerné à M. Édouard Van Beneden, professeur à notre Université, pour son ouvrage intitulé : « *Recherches sur la maturation de l'œuf, la fécondation et la division cellulaire.* »

Nos félicitations à ce professeur, qui ne cesse de contribuer puissamment, avec d'autres de nos collègues, au développement de la science et à l'illustration de notre Université.

Enfin, dans sa séance du 7 avril 1888, la Société pour le progrès des études philologiques et historiques a conféré à M. Delbœuf une médaille pour ses travaux de philologie.

Dans la même séance, semblable distinction a été accordée à M. Roersch pour le même objet.

BOURSES.

Cinq bourses de 2,000 francs, instituées en vertu de l'art. 46 de la loi, ont été décernées, en 1888, à MM. Bacha, Eugène, de Liége, docteur en philosophie et lettres ; Delsaux, Émile, et Philippe, Charles, de Liége ; Delvoie, Paul, de Tongres, et Kuborn, Pierre, de Seraing, docteurs en médecine, chirurgie et accouchements.

C'est là un brillant succès pour notre Université et spécialement pour la faculté de médecine.

INSTITUT ÉLECTRO-TECHNIQUE MONTEFIORE.

Une bourse de 2,000 francs a été accordée à M. Pescetto, capitaine du génie à Gênes, qui a subi l'examen de sortie *avec la plus grande distinction.*

Trois bourses de 500 fr. ont été décernées à MM. Winslow, de Pittsbourg (États-Unis), F. Mélotte, de Liége, et de Weidlich, de Saint-Pétersbourg, qui ont présenté les meilleurs travaux de laboratoire.

INSTALLATIONS UNIVERSITAIRES.

L'année dernière, nous constations que l'adjudication des nouvelles installations universitaires avait subi un temps d'arrêt très regrettable ; aujourd'hui, nous annonçons avec plaisir que la construction du bâtiment *B* va prochainement être mise en adjudication. Cette construction permettra, dans un avenir prochain, de doter tous les services généraux de locaux suffisamment spacieux et convenables pour l'enseignement universitaire théorique (auditoires de philosophie, du droit, bureaux du rectorat et de l'administration et locaux pour le classement des collections de minéralogie, de géologie, de paléontologie statigraphique, de paléontologie animale et végétale).

L'installation de tous ces auditoires et de ces collections, qui, pour la plupart, se trouvaient agglomérées dans des caisses remisées dans des greniers et ne pouvaient servir ni à l'étude, ni à l'enseignement, permettra, d'un autre côté, de disposer d'anciens locaux pour l'installation d'un auditoire et d'un institut de physique, dont l'érection rapide se fait vivement sentir, d'un auditoire de minéralogie et de ses annexes, de locaux destinés à la mécanique appliquée.

On pourra alors démolir une aile de bâtiment, qui empêchait d'achever les constructions de l'institut chimique, commencé aux deux extrémités, et dont le centre, qui doit contenir la chaufferie, l'installation des machines, l'auditoire et les laboratoires, ne pouvait être terminé.

Les instituts de physiologie et de zoologie vont être achevés; le mobilier de l'institut de zoologie seul n'est pas encore mis en *adjudication*. Il le sera sous peu, nous n'en doutons pas.

Enfin le gouvernement, se rendant à un vœu exprimé par les autorités universitaires, a permis aux professeurs d'anatomie, de physiologie et de zoologie d'habiter des locaux qui leur étaient destinés dans les instituts, moyennant un prix de location que ces professeurs paieront au gouvernement.

Il est inutile, je pense, de faire observer que ces locaux sont chauffés, éclairés et meublés par les professeurs.

Cette occupation leur permettra d'exercer une surveillance bien nécessaire sur leurs instituts, de poursuivre, d'une manière plus complète, plus profitable, leurs travaux pratiques, et de faire briller de tout son éclat la partie des sciences qui leur est confiée.

Il nous reste à signaler l'entente qui s'est faite entre la ville, la province, la commission des Hospices et la faculté de médecine sur l'emplacement de l'hôpital des cliniques. Puisse le gouvernement se décider à intervenir largement pour les constructions qui lui incombent et qui sont relatives aux auditoires et aux installations cliniques de médecine, de chirurgie, des maladies syphilitiques et cutanées, des maladies des yeux, d'anatomie pathologique et de bactériologie !

Ce n'est pas une intervention dans la construction de l'hôpital que l'on réclame du gouvernement : c'est la création de toute une série de petits instituts, si l'on peut s'exprimer ainsi, qui ne se rapportent nullement aux services hospitaliers et ne servent qu'à la science.

Les services universitaires dont nous parlons sont en souffrance dans des locaux impossibles, et l'intérêt de l'enseignement réclame vivement ces nouvelles constructions. Quant à l'hôpital de Bavière lui-même, l'humanité exige promptement sa démolition.

PUBLICATIONS.

Le corps enseignant a continué à montrer son activité par de nombreuses publications, dont voici la liste :

Dans la faculté de philosophie.

M. Ch. Loomans, professeur émérite. — 1° Notice sur la vie et les travaux de G. Nypels (*Annuaire de l'Académie royale de Belgique* pour l'année 1888).

Le huitième centenaire de l'Université de Bologne (*Bulletin de l'Académie*, juillet 1888).

M. J. Stecher. — 1° Vondel et la Belgique (*Bulletins de l'Académie royale de Belgique*, t. XIV).

2° Le flamand dans nos humanités nationales (*Revue de Belgique*).

M. A, Le Roy. — 1° Notices diverses dans le *Bulletin de l'Académie*, notamment deux rapports sur les concours de 1888 : *a.* Les mystiques des Pays-Bas avant la réforme du XVIe siècle; *b.* La frontière linguistique du flamand et du wallon.

2° Collaboration à la *Biographie nationale*, lettres J, K, L.

3° Nombreux articles de critique dans différents journaux ou recueils périodiques.

M. J. Delbœuf. — 1° L'hypnotisme et la liberté des représentations publiques. Lettres à M. le professeur Thiriar, représentant, suivies de l'examen du rapport présenté par M. Masoin à l'Académie de médecine (Liége, Desoer, 1888).

2° A trente ans d'intervalle. — L'Ardenne; explorations et découvertes, par J. D. Capaponassard (Liége, Desoer, 1888).

Dans la *Revue de l'hypnotisme*, 1° avril 1888 : De l'analogie entre l'état hypnotique et l'état normal.

2° Septembre 1888 : De l'origine des effets curatifs instantanés de l'hypnotisme dans les maladies chroniques (reproduit de la *Revue des sciences hypnotiques*, n° de février 1888, non mis en vente),

Dans la *Revue des sciences hypnotiques* (voir plus haut).

Dans la *Revue de l'Instruction publique* XXXI, 1. La littérature française au XVIIe siècle, par J. Stiernet. Notice bibliographique.

Dans le *Médecin du foyer*, n^{os} de janvier et de mars 1888 : Lettres sur l'hypnotisme et ses dangers.

Nombreux articles dans le *Journal de Liége*.

En collaboration avec M. Iserentant, professeur à l'athénée de Malines : Chrestomatie latine à l'usage des commençants, accompagnée d'un commentaire grammatical et pédagogique et suivie d'un dictionnaire. Première partie, à l'usage des élèves de septième. Mons. — Hector Manceau.

M. L. Roersch. — 1° Woordenboek op Alexanders geesten van Jacob van Maerlant. Eerste aflevering. Gent 1888.

2° Collaboration à la *Biographie nationale* et à la *Revue de l'Instruction publique en Belgique*.

3° Rapports et communications dans les *Bulletins de l'Académie royale* et dans les *Verslagen en mededeelingen van de Koninklijke Vlaamsche Academie*.

M. G. Kurth. — 1° Les origines de la civilisation moderne; 2e édition, 2 vol. in-12. Paris-Louvain.

2° Léon XIII et la mission de la papauté au XIXe siècle (*Livre d'or du Pontificat de Léon XIII*).

3° Les sources de l'histoire de Clovis dans Grégoire de Tours (*Revue des questions historiques*, octobre 1888).

4° Le Folk-Lore et les Sociétés historiques, discours prononcé au Congrès archéologique de Bruges, le 22 août 1887 (Dans le *Compte-rendu du Congrès archéologique de Bruges*).

5° Dissertations académiques. 1° Fascicule contenant: 1° L'auteur unique des vies des saints Amat Romarie Adelphe et Arnulf, par Emile Dony; 2° Etude biographique sur Eginhard, par Eugène Bacha. Liége. Demarteau.

M. V. Chauvin. — 1° Examen des principaux travaux bibliographiques publiés en Belgique en 1887 (*Centralblatt für Bibliothekswesen* et à part).

2° Collaboration au *Centralblatt für Bibliothekswesen* de Leipzig.

M. E. Hubert. — 1° Articles dans la *Grande encyclopédie* de Paris.

2° Collaboration à la *Revue historique* de Paris.

3°   Id.   aux *Jahresberichte der Geschichtswissenschaft* de Berlin.

M. C. Renard, chargé de cours. — Divers articles sur les arts et les expositions d'art ouvertes pendant l'année dans le journal: *La Fédération artistique*, publié à Anvers.

M. E. Monrose, chargé de cours. — Causeries et entretiens sur l'art du théâtre et sur la profession de comédien (cours de déclamation).

M. S. Bormans. — Les chartes fausses et la diplomatique (Discours prononcé à la séance publique de la classe des lettres de l'Académie royale de Belgique le 9 mai 1888).

Dans la faculté de droit.

M. P. Namur, professeur émérite. — 1° Cours d'Institutes et d'histoire du droit romain, 4ᵉ édition, Bruylant-Christophe et Cᵉ, 2 vol. in-8°.

2° Supplément au code de commerce belge revisé, contenant le commentaire de la loi du 22 mai 1886, modifiant la loi du 18 mai 1873 relative aux sociétés commerciales.

M. E de Laveleye. — 1° Le socialisme contemporain, revu et considérablement augmenté. 4ᵉ édition.

2° La Péninsule des Balkans, augmentée d'une nouvelle introduction sur la situation actuelle de l'Orient; 2ᵉ édition.

3° Même ouvrage en allemand : Die Balkanländer, augmenté de documents nouveaux sur la Bosnie.

4° Divers articles dans les *revues belges et étrangères*.

M. F. Thiry. — 1° La peine et l'amendement (*Revue de Belgique*).

2° La charité envers les criminels (*Idem*).

M. Ch. Dejace. — 1º Discours sur les assurances ouvrières contre les accidents du travail, prononcé à la séance plénière de la commission du travail du 2 mai 1887 (*Comptes-rendus des séances plénières.* Bruxelles, Lesigne, 1888).

2ᵉ Le projet de loi sur les habitations ouvrières en Belgique (*Réforme sociale,* Paris, 16 juin 1883).

Dans la faculté des sciences.

M. Isid. Kupfferschlaeger, professeur émérite. — 1º Empoisonnement saturnin par de l'eau de pompe (*Médecin de la famille* de février 18·8).

2º Résumé sur la fabrication du fumier de ferme (*Journal agricole de l'Est* du 14 mai 1888).

3º Séparation du calcium d'avec le baryum et le strontium (*Bulletin de la Société chimique de Paris*, t. 49, de 1888).

M. G. Dewalque. — 1º Diverses communications à la Société géologique de Belgique (*Annales*; t. XV), notamment :

Sur le poudingue avec grès blanc de la baraque Michel.

Quelques dosages du fer des eaux de Spa.

Sur quelques dépôts tertiaires des environs de Spa.

2ª Rapport du secrétaire de la commission de nomenclature et de classification au Congrès géologique international de Londres. Londres, 1888, in-8º.

3º Etat de la végétation à Andenne, à Gembloux, à Liége, à Spa et à Vielsalm, le 20-21 avril 1888 (*Bull. Acad des Sc. de Belgique*; 3ᵉ série, t. XV, nº 6).

M. V. Dwelshauvers. — 1º Méthode nouvelle pour représenter l'échange de chaleur entre le métal et la vapeur dans les cylindres des machines (*Bulletin de la Société industrielle de Mulhouse*).

2ª Moyen graphique d'étudier le mode d'action des régulateurs à force centrifuge (*Selected papers de l'Institute of Civil Engineers de Londres*).

M. A. Habets. — L'Exposition minière et industrielle de Newcastle-sur-Tyne (*Revue universelle des mines*; 3ᵉ série, t. II).

M. C. Le Paige. — 1º Sur les théorèmes fondamentaux de la géométrie projective, en collaboration avec M. F. Deruyts (*Bull. de l'Acad. royale de Belgique*; 3ᵉ série, t. XV, p. 335).

2º Démonstrations d'un théorème de von Staudt (*Mém. de la Société royale des sciences de Liége*; 2ᵉ série, t. XV).

3º Notice historique sur la détermination des coordonnées géographiques de Liége. (*Ibid.*).

4° Sur un théorème attribué à la Hire (*Bibliotheca mathematica de Stockholm; 2e série*, t. I, p. 109).

5° Sur une traduction néerlandaise de la méthode de perspective de Girard Desargues et sur les « Leçons de ténèbres » (*Ibid.;* t. II, p 10).

6° Lettre à M. G. de Longchamps au sujet du géomètre Le Poivre (*Journal de math. spéciales*, décembre 1887. — Reprod. dans les *Mém de la Soc. des sciences du Hainaut;* 4e série, t X, p. 587).

7° Rapports dans les *Bulletins de l'Académie.*

M. L. de Koninck. — 1° Dosage du carbone dans les fers commerciaux (*Revue universelle des mines;* 3e série, t. I, p. 332).

2° Séparation qualitative de l'or et du platine d'avec l'arsenic, l'antimoine et l'étain (En collaboration avec M. Ad. Lecrenier, assistant). (*Idem;* 3e série, t. II. p. 98.)

3° Dosage du chlorure sodique dans les eaux alcalines des charbonnages (*Idem;* t. II, page 100).

4° Dosage du soufre dans les fers commerciaux et dans les sulfures décomposables par les acides (*Idem;* 3e série, t. II, p. 299).

5° Divers extraits de revues étrangères (*Idem*)

6° Bürette zum titriren erhitzter Flüssigkeiten (*Zeitschrift für angewandte Chemie*, 1888, p. 187)

7° Bestimmung des verfügbaren Sauerstoffs in den Hyperoxyden mittels gasförmiger Salzsäure (En collaboration avec M. Lecrenier) (*Z f. angew. Ch.* 1888, p. 352.)

8° Vermeidung gewogener Filter beim Wiegen gewisser Niederschläge und Verhinderung der Reduction durch Filterpapier (*Z. f. angew. Ch.* 1888, p. 427).

9° Généralités sur le procédé de dosage par liqueurs titrées. 1888. Liége, Vaillant-Carmanne, imprimeur; Paris, Savy, libraire.

1° Analyses chimiques (*Journal de Liége*, n° du 16 avril 1888).

11° Darstellung von Chlorgas für Analysen (*Z. f. angew. Ch.* 1888, p. 507).

12° Ein neues Kupfersalz, das Kupferammoniumbromid (*Idem*).

M. Lucion, élève du doctorat en sciences naturelles. — Sur la précipitation du sulfate barytique dans les liquides bromés (*Revue univ. des mines*, t. II, 3e série, p. 211).

M. J. Neuberg. — 1° *Mathesis*, recueil mathématique à l'usage des écoles spéciales et des établissements d'instruction moyenne, publié par P. Mansion et J. Neuberg. Tome VIII.

2° Sur les triangles équibrocardiens (*Association française pour l'avancement des sciences*, Congrès d'Oran).

3° Notices diverses dans *Mathesis* et dans le *Journal de Mathématiques et de Longchamps*.

4° Questions proposées dans *Mathesis*, l'*Educational Times*, les *Wiskundige Opgaren* et le *Journal de Mathématiques et de Longchamps*.

M. H. Dechamps. — 1° Les principes de la construction des charpentes métalliques et leur application aux ponts à poutres droites, combles, supports et chevalements (Un vol. grand in-8° de 390 pages, avec 294 figures dans le texte).

2° Des notices bibliographiques dans la *Revue universelle des mines*.

M. A. Gravis. — Le doctorat en sciences naturelles et le projet de loi sur l'enseignement supérieur (*Bull. soc. bot. de Belgique*; t. XXVII, 2° partie).

M. J. Fraipont. — 1° Le tibia dans la race de Neanderthal (Etude comparative de l'incurvation de la tête du tibia dans ses rapports avec la station verticale chez l'homme et les anthropoïdes). (*Revue d'anthropologie de Paris*. Paris, 1888.)

2° Analyse du mémoire : Recherches sur les poissons palézoïques de Belgique, par M. Lohest (*Soc. géol. de Belgique*, t. XV, 1888).

3° Une Lingule nouvelle du calcaire carbonifère de Belgique (*Bull. Soc. géol. de Belgique*, t. XV, 1888).

4° Une Diocine nouvelle du calcaire carbonifère de Belgique (*Idem. Idem*).

5° A quelle époque faut-il faire remonter l'origine de la poterie? (Comptes-rendus du Congrès d'archéologie de Charleroi, août 1888).

M. F. Folie. — *Bulletin de l'Académie des sciences de Belgique, 3° série* :

Tome XIII. — Sur l'enregistrement par microphone des battements d'un pendule (page 198).

Note relative à la 3° partie de la théorie des mouvements diurne, annuel et séculaire de l'axe du monde (page 202).

Démonstration pratique de l'existence de la nutation diurne, par M. Niesten (Rapport, page 398).

Éclipse de soleil du 29 août 1886 observée au Congo, par le père Merlon (Rapport, page 482).

Sur l'influence de la nutation diurne dans la discussion des observations de V. Draconis, faites à l'observatoire de Greenwich, par M. Niesten (Rapport, page 72).

Étude sur le Satellite énigmatique de Vénus, par P. Stroobant (Rapport, page 702.)

Rapport sur le travail de M. P. Ubaghs, concernant la direction et la vitesse du transport du système solaire dans l'espace (page 66).

Sur une observation de Saturne faite à Louvain, à l'aide de l'équatorial de 8 pouces de Grubb, par F. Terby (Rapport, page 76).

Tome XIV. — Masse de la planète Saturne déduite des observations des satellites Japet et Titan, faites en 1885 et 1886 à l'institut astronomique de Liége, par de Ball (Rapport, page 405).

Note sur les oscillations d'un pendule produites par le déplacement de l'axe de suspension, par E. Ronkar (Rapport, page 195).

Observations physiques de Saturne, faites en 1887, à l'Observatoire royal de Bruxelles (Rapport, page 541).

Tome XV. — Rapport sur le travail de M. Niesten, concernant les plans planétaires et l'équateur solaire (page 4).

Etude sur l'aspect physique de Jupiter, par F. Terby (Rapport, page 11).

Sur la détermination de la force du vent en grandeur et en direction, par Damry (Rapport, page 12).

Note sur le premier fascicule du *Traité des réductions stellaires* (page 256).

L'éclipse totale de lune du 28-29 janvier 1888 (page 347).

Rapport sur un travail de M. E. Ronkar, concernant l'influence du frottement et des actions mutuelles intérieures dans les mouvements périodiques d'un système. — Application au sphéroïde terrestre (page 489).

Note sur la chaleur du soleil, par E. Levesque (Rapport, page 616).

Sur la méthode la plus sûre pour déterminer la constante de l'aberration au moyen d'une série d'observations d'une même étoile en ascension droite (page 618).

Nouveaux éléments de l'orbite de la planète 181 Eucharis, par de Ball. (Rapport, page 696.)

Sur les formules de réduction des circumpolaires en ascension droite et en déclinaison (page 701).

Tome XVI. — Rapport sur l'unification du calendrier proposée par l'Académie royale des sciences de l'Institut de Bologne (page 5).

Note sur le coup de foudre qui a frappé l'observatoire le 23 juin 1888 (page 28).

Astronomische Nachrichten :

Praktischer Beweis der täglichen Nutation (Bd. 116, col. 113),

Ueber einige in den Peter'schen Formeln unberücksichtigte Glieder der jährlichen Nutation (Bd. 16, col. 167).

Beob. von Sternbedeckungen während der totalen Mondfinsterniss (Bd. 118, col. 375).

Schreiben, betreffend die Aberrationsconstante (Bd. 119, col. 185).

Todesanzeige, betreffend J. C. Houzeau (Bd. 119, col. 305).

Sur la détermination de la vitesse systématique et de la parallaxe des étoiles au moyen de l'introduction, dans les expressions de la variation des coordonnées moyennes d'une époque à une autre, de l'aberration et de la parallaxe systématique (Bd. 119, col. 343).

Sur l'aberration systématique (Bd. 120, col. 63).

The Observatory :

Notice sur M. J. C. Houzeau (N° d'août 1888).

Comptes-rendus de l'Académie des sciences de Paris :

Sur la nutation diurne du globe terrestre (T. ClV, p. 35).

Annuaire de l'Observatoire de Bruxelles, 1888 :

Sur la nutation diurne et la libration de l'écorce terrestre (Page 290).

Sur les marées atmosphériques lunaires (Page 306).

Bulletin astronomique :

Sur l'incorrection des formules proposées par Fabritius pour la réduction des circompolaires (T. X, p. 47).

Sur les formules de M. Fabritius. Réplique aux Notes de MM. Gonnessiat et Herz (T. V, p. 185).

Sur les formules de Fabritius (T. V, p. 384).

M. Ad. Firket, chargé de cours. — 1° Alluvions modernes de la vallée de la Meuse, à Liége (*Annales de la Société géologique de Belgique*. t. XIV).

2° Minéraux artificiels pyrogénés : Fayalite (*Id.*, t. XIV).

M. J. Deruyts, chargé de cours. — 1° Sur les semi-invariants de formes binaires (*Mémoires de la Société royale des sciences de Liége*, 2e série, t. XV).

2° Sur la théorie des formes algébriques à un nombre quelconque de variables (*Bull. de l'Acad. roy. de Belgique*, 3e série, t. XV, n° 6).

3° Sur les semi-invariants de formes binaires. — Deuxième communication (*Mém. de la Société des Sciences*, t. XV).

4° Sur la différentiation mutuelle des fonctions invariantes (*Bull. de l'Acad.*, 3e série, t. XV, n° 8).

M. Ch. Fievez, chargé de cours. — Nouvelles recherches sur l'origine des raies spectrales.

M. P. G. de Heen, chargé de cours. — 1° Détermination des variations de la chaleur spécifique des liquides avec la température (De Heen et F. Deruyts). *Bulletins de l'Acad.*, 3ᵉ série, t. XV, nº 1, 1888.

2° Note sur le travail moléculaire des liquides organiques (*Id.*).

3° Détermination des variations de la chaleur spécifique des liquides au voisinage de la température critique (*Bull. de l'Acad.*, 3ᵉ série, t. XV, nº 3, 1888).

4° Détermination des variations que le frottement des solides éprouve avec la température (*Bull. de l'Acad.*, t. XVI, nº 7, 1888).

5° Détermination, à l'aide d'un appareil nouveau, des variations que le frottement intérieur des gaz éprouve avec la température (*Bull. de l'Acad.*, t. XVI, nº 8, 1888).

M. A. Stévart, chargé de cours. — 1° Note sur le patinage des locomotives (Dans la *Revue scientifique* et dans la *Revue universelle des mines*, etc.).

2° Discours prononcé à l'assemblée plénière des associations industrielles et commerciales, tenue à Liége le 20 novembre 1887. — Sur la fabrication et la fourniture du matériel de guerre à l'État belge.

3° Rapport à l'Association des ingénieurs sur l'organisation des études aux Écoles spéciales annexées à l'Université (En collaboration).

4° Projet de reconstruction de Bavière aux prés St-Denis (Extrait du bulletin communal de Liége).

5° Résultats d'expériences sur l'élasticité du caoutchouc vulcanisé. — 2ᵉ édition.

6° Traité d'exploitation des chemins de fer (En collaboration avec ses collègues des Universités de Gand et de Bruxelles; t. II, 1ᵉʳ fascicule).

M. Eric Gérard, chargé de cours, en collaboration avec M. E. Rousseau : 1° Comptes-rendus des essais électriques effectués à l'Exposition d'Anvers; in-4°. Liége, Vaillant-Carmanne.

2° Collaboration à la Lumière électrique et à l'Electricien de Paris.

M. V. Francken, répétiteur. — 1° Précis d'analyse quantitative du Dʳ A. Classen, professeur à l'École polytechnique d'Aix-la-Chapelle; 3ᵉ édition, par L. Gautier et V. Francken.

2° Dosage industriel du phosphore dans les produits sidérurgiques (*Revue universelle*).

3° Nouvelle pile Leclanché-Barbier (*Ibid.*).

M. P. Trasenster. - 1° A propos du métal à canon. Liége, Desoer.

2° Chronique industrielle du *Journal de Liége*.

M. H. Forir, répétiteur aux Écoles spéciales. — 1° Contributions à l'étude du système crétacé de la Belgique. 2° Études complémentaires sur les crustacés. 3° Bibliographie des Thoracostracés crétacés connus en 1887 (*Annales Soc. géol. de Belgique. Mémoires*, t. XIV). Liége, Vaillant-Carmanne, 1887, in-8°, 44 p., 1 pl.

2° Sur une forme remarquable de calcite provenant de Visé. — Sur des cristaux d'albite de Revin, etc. (*Annales Soc. géol. de Belgique. Bulletin*, t. XV). Liége, Vaillant-Carmanne, 1888, in-8°, 8 p., fig. et quelques autres communications.

M. F. Deruyts, docteur en sciences physiques et mathématiques. — 1° Génération linéaire de quelques courbes à points multiples (*Mathesis*, t. VII).

2° Sur la théorie de l'Involution (*Bull. de l'Acad. royale de Belgique*, 3e série, t. XIV, n° 11).

3° En collaboration avec M. le professeur Le Paige: Sur les théorèmes fondamentaux de la géométrie projective (*Idem*, 3e série, t. XV, n° 2).

4° En collaboration avec M. De Heen, chargé de cours: Détermination des variations de la chaleur spécifique des liquides avec la température. — Partie expérimentale (*Idem*, 3e série, t. XV).

M. Eug. Prost, assistant du cours de chimie. — 1° Essai d'extraction du plomb des résidus de la fabrication du zinc (*Bulletin de la Société chimique* de Paris).

2° Étude de l'action de l'acide chlorhydrique sur la fonte (*Bulletins de l'Académie royale de Belgique*).

M. Adolphe Lecrenier, assistant du cours de chimie analytique. — 1° Précis de chimie théorique à l'usage des étudiants, par A. Polis (Traduction).

2° De l'action du chlore sur les sulfures des radicaux alcooliques, préparation de quelques dérivés chlorés nouveaux (En collaboration avec M. le professeur Spring).

3° Sur la constitution du bisulfure d'éthyle chloré de Güthrie (Id. Id.).

4° Séparation qualitative de l'or et du platine d'avec l'arsenic, l'antimoine et l'étain (En collaboration avec M. le professeur L. L. de Koninck. *Revue universelle des Mines*).

5° Bestimmung des verfügbaren Sauerstoffs in den Hyperoxyden mittels gasförmiger Salzsäure (En collaboration avec M. le professeur L. L. de Koninck. *Zeitschrift für angewandte Chemie*).

M. le Dr L. de Ball. — 1° Occultations d'étoiles par la lune, observées le 28 janvier 1888 (*Astronomische Nachrichten*).

2° Observations des comètes Fabry et Barnard et de la planète Athamantis (*Ibid.*).

3° Nouveaux éléments de l'orbite d'Eucharis.

4° Catalogue de 302 étoiles fondamentales, déduit des observations faites à l'Observatoire de Madison U. S. (*Publications de la Société astronomique*, vol. XIX).

5° Constantes pour le calcul des positions apparentes de 164 étoiles australes (*Ibid.*).

6° Éphéméride de la planète Eucharis pour l'année 1889 (*Berliner Jahrbuch*).

Dans la faculté de médecine.

M. V. Masius. — 1° De l'influence du pneumogastrique sur la secrétion urinaire (*Bull. de l'Acad. roy. de Belg.*, 3e série, t. XV).

2° Recherches sur l'action du pneumogastrique et du grand sympathique sur la secrétion urinaire (*Idem*, t. XVI).

M. C. Vanlair. — 1° La vie latente (*Revue de Belgique*, janvier et février 1888).

2° De l'influence des conditions mécaniques sur la régénération des nerfs (Comptes-rendus du Congrès de l'Association française pour l'avancement des sciences. Toulouse, 1887).

3° Le clou-trocart et son emploi dans l'anasarque (*Annales de la Société médico-chirurgicale de Liége*, 1888, n° 6).

M. A. von Winiwarter. — Erfahrungen über die Perineorhaphie nach Lawson Tait (*Wiener klinische Wochenschrift*, 1888, Vienne).

M. Léon Fredericq. — 1° Article : Corps thyroïde (Physiologie), dans : *Dictionnaire encyclopédique des sciences médicales de Dechambre et Lereboullet*.

2° Article: Veines (Anatomie et Physiologie). *Ibid.*

3° Was soll man unter Traube-Hering'schen Wellen verstehen. *Verhandlungen der physiologischen Gesellschaft zu Berlin* et *Archiv für Physiologie*. 1887.

4° Ueber das Kardiogramm und den Klappenschluss am Anfang der Aorta. *Centralblatt für Physiologie*. 14 April 1888.

5° La pulsation du cœur chez le chien. 126 p., 74 fig. et 2 pl. *Archives de Biologie*. 1888.

6° Analyses et Rapports dans : *Bulletins de l'Académie des sciences de Belgique, Centralblatt für Physiologie, Revue des sciences médica'es de Hayem*, etc.

7° Travaux du laboratoire de physiologie, tome II, un vol. in-8° de 218 p., 79 fig. et 3 pl., contenant des articles par MM. F. Henrijean, G. Corin, J. Corin, E. Bérard et Léon Fredericq. Liége. Vaillant-Carmanne, 1888.

M. G. Corin et E. Bérard. — Contribution à l'étude des matières albuminoïdes du blanc d'œuf (*Bulletin de l'Académie royale de Belgique.* 3e série, tome XV, n° 4, 1888).

M. J. Corin. — Action des acides sur le goût (*Bulletin de l'Académie royale de Belgique.* 3e série, tome XIV, n° 11, 1887, p. 616).

M. P. Nuel. — 1° *Dans le Dictionnaire encyclopédique des sciences médicales de Dechambre*, les articles : nerf pneumogastrique (anatomie et physiologie), nerfs trophiques et nerfs vaso-moteurs.

2° L'ophthalmologie dans la loi future sur l'enseignement supérieur (*Annales de la Société médico-chirurgicale de Liége*).

3° Des ruptures scléro-cornéennes, principalement au point de vue de leur traitement (*Dans le livre jubilaire offert le 28 mai à M. Donders, par ses élèves*).

4° Discours prononcé à l'Académie de Médecine de Bruxelles dans la discussion sur l'hypnotisme.

5° De nombreuses analyses et revues dans les *Annales d'oculistique.*

M. Ch. Firket. — 1° Note sur la présence d'indigo dans une tumeur abdominale (*Bull. de l'Acad. roy. de médec. de Belgique*, 1888).

2° Contribution à l'étude des lésions syphilitiques des valvules cardiaques (*Idem*).

3° Le nouvel hôpital universitaire. Historique des négociations, publié par la Faculté de médecine de Liége.

4° Manuel de microscopie clinique, troisième édition. Fascicule II, in-8°, Bruxelles, Manceaux (En collaboration avec M. G. Bizzozero, professeur de pathologie à l'Université de Turin).

5° Communications diverses, rapports, etc., à la Société médico-chirurgicale de Liége.

M. Xavier Francotte, chargé de cours. — 1° De l'oedème hydrémique (*Bulletin de l'Académie de médecine*).

2° Un cas de fibrome de la dure-mère spinale (*Annales de la Société médico-chirurgicale de Liége*).

3° Rapports, analyses (*Ibidem*).

M. A Jorissen, agrégé spécial. — 1° Sur un nouveau glucoside azoté retiré du Linum usitatissimum, en collaboration avec M. Hairs (*Bulletins de l'Académie des sciences*).

2° Sur la composition chimique du vin de Huy, id. (*Journal de pharmacie d'Anvers*).

3° Teneur en fusel des genièvres belges, id. (*Idem*).

4° Revue mensuelle de chimie médicale, de toxicologie et de pharmacologie (*Annales de la Société médico-chirurgicale de Liége*).

M. E. Hairs. — Sur la présence du mercure, du thallium et de l'indium dans les blendes du Bleyberg (*Bulletins de la Société géologique de Belgique*).

M. F. Fraipont, assistant à la clinique chirurgicale. — 1° Deux cas de laparotomie pour étranglement interne, etc., dans les *Annales de la Société médico-chirurgicale de Liége*.

2° Six cas de Perinéoplastie opérés par le procédé de Lawson-Tait. *Id.*

3° Pyosalpingite double.— Extirpation des trompes utérines. *Id.*

4° Inversion chronique de l'utérus datant de neuf ans. — Amputation de l'utérus, dans la *Gazette médicale de Liége*.

5° Correspondance belge de gynécologie, dans les *Archives de Tocologie de Paris*.

6° Analyses, rapports, comptes-rendus, articles bibliographiques, revues et traductions, dans les *Annales de la Société médico-chirurgicale de Liége*.

M. L. Leplat, assistant. -- 1° Etudes sur la nutrition du corps vitré (*Annales d'oculistique*).

2° Observation d'ophthalmie sympathique (*Annales de la Société médico-chirurgicale de Liége*).

3° Hygiène de l'œil (*Bibliothèque Gilon*).

4° Revue mensuelle d'ophthalmologie (*Annales de la Société médico-chirurgicale de Liége*).

M. le Docteur F. Henrijean, assistant à la clinique chirurgicale. — 1° Des diverses méthodes de pansement et de traitement antiseptiques des plaies et des affections chirurgicales (Extrait des *Mémoires des concours et des savants étrangers*; t. VIII, 1888).

2° La lutte contre les microbes (*Bulletin de la Société belge de microscopie*; Bruxelles, 1888).

3° Les microbes (Dans le livre belge publié par le Cercle de la Librairie et de l'Imprimerie; Bruxelles, 1888).

4° De l'antithermie (*Bulletins de l'Académie de médecine*; Bruxelles, 1888).

5° Analyses et rapports (*Annales de la Société médico-chirurgicale de Liége*).

M. F. Putzeys. — 1° Les projets de reconstruction de l'hôpital de Bavière de Liége.

2° Réponses aux discours de MM. Brasseur, Petithan et Stévart sur la même question.

3° Collaboration à la rédaction du *Mouvement hygiénique.*

COLLECTIONS.

Les collections de minéralogie et de pétrographie ne se sont accrues que de 177 échantillons. Trois goniomètres d'application ont été acquis pour les travaux pratiques des étudiants.

Les collections de géologie et de paléontologie stratigrafique se sont augmentées de 1,832 espèces de roches ou de fossiles, la plupart du pays.

De ce nombre, 199 numéros proviennent des dons de diverses personnes, notamment 167 roches de Bretagne, recueillies sur les lieux par le professeur lors de la réunion de la Société géologique de France, en 1887.

Enfin, on a fait l'acquisition d'environ 2,000 ossements et 1,500 silex taillés, provenant des fouilles opérées par M. le Dr Tihon dans les grottes des rives de la Méhaigne. Cette collection, qui présente pour nous un intérêt tout particulier, nous a coûté peu de chose, grâce au désintéressement du propriétaire, charmé de la voir figurer dans notre Musée. Elle a été transférée depuis dans les collections de la paléontologie animale, où elle est mieux à sa place, mais qui sont trop mal dotées pour pouvoir en faire l'acquisition.

Les collections de chimie générale se sont augmentées des appareils désignés ci-après : deux fourneaux de fusin, un appareil pour la distillation du mercure, un régulateur de pression pour le gaz, un spectroscope à vision directe, un support de Schellen, douze manchons pour incinérations, cinq étuves diverses, deux appareils de Bandleben, un hygromètre de Mihoff, trois gazomètres, un appareil pour la mesure de la résistance électrique des liquides, deux capsules en argent, deux capsules en platine, quatre boîtes à poids, deux trompes à eau, dix pinces à bouts de platine, une balance et un fourneau de Lothar Meyer.

La collection des produits chimiques ne s'est pas enrichie, cette année, d'échantillons types, le subside alloué au laboratoire de chimie ayant dû être consommé, en totalité, pour le travail journalier des élèves.

La collection de chimie industrielle s'est enrichie des objets suivants :

1º Une collection complète des produits intermédiaires et des produits finis de la fabrication de l'acide stéarique.

2º Un spécimen de four tournant (Revolver) pour la fabrication de la soude.

3º Des échantillons de produits relatifs à diverses industries.

4º Des dessins d'appareils nouveaux.

Un crédit extraordinaire de 1,200 fr. a permis d'acquérir, pour les laboratoires de chimie analytique et de docimasie, un certain nombre d'appareils servant à l'analyse des gaz. Il manque malheureusement, tant que l'institut chimique n'est pas achevé, un local dans lequel les élèves puissent se livrer convenablement à ce genre d'analyses.

IŃSTITUT PHARMACEUTIQUE.

SERVICE DE LA CHIMIE ANALYTIQUE.

Le matériel mis à la disposition des élèves a été augmenté de manière à leur permettre de se livrer à quelques travaux simples d'analyse quantitative, spécialement aux essais volumétriques indiqués par la pharmacopée pour la détermination de la valeur de certains produits.

Un crédit extraordinaire de 2,800 fr. a servi à couvrir la dépense.

Malgré des réclamations réitérées, il n'y a, à l'institut, qu'un seul assistant pour 80 élèves.

Il faut espérer que cette situation, qui ne permet pas de mettre l'enseignement pratique des élèves en pharmacie au niveau auquel il devrait se trouver, cessera dans le courant de cette année.

Les collections de l'institut botanique se sont accrues de :

I. — Collections de démonstration.

1° 15 nouvelles séries de 30 préparations microscopiques, destinées aux exercices pratiques des étudiants de la candidature.

2° Accroissements à la collection des cryptogames récoltés durant les herborisations.

II. — Matériel des travaux du laboratoire.

Appareils pour la culture des champignons et des bactéries.

III. — Cultures.

1° Un magnifique Cyathea modulloiris, don de M. le professeur Perard.

2° Plusieurs fougères, don de M. Bouvier.

La collection d'exploitation des mines s'est enrichie de :

1° 2 indicateurs Richards pour expériences sur l'aérage.

2° Un excavateur Plom et d'Andrimont avec perforatrice, offert par la Société des charbonnages du Hasard.

3° Une perforatrice Schram.

4° Une perforatrice Sachs, offerte par la Société Humboldt, à Halk.

5° Un modèle d'attache pour chemin de fer aérien, offert par la Société des charbonnages de Patience et Beaujonc.

La collection de mécanique appliquée s'est enrichie principalement des appareils et instruments qui manquaient encore pour faire des essais complets de machine et de chaudière à vapeur.

Elle a en outre acquis :

1° Un calorimètre Thomson pour l'essai de la puissance calorifique des houilles.

2° Un banc d'épreuve avec appareil auto-diagrammateur de Kenndy pour l'essai des matériaux.

La collection de modèles de machines s'est augmentée des modèles suivants : une machine à forer radiale, une machine à raboter.

Elle a aussi acquis cinq modèles de fonderie pour la démonstration du moulage des différents organes de machines.

Les collections de paléontologie animale se sont accrues de :

1° *a.* Un stéréographe de Broca pour la mensuration des crânes ; *b.* niveau burel ; *c.* compas ; *d.* niveau d'eau ; *e.* un globe terrestre.

2° Environ 3,000 fossiles de choix, passés des collections géologiques aux collections paléontologiques.

3° Environ 2,500 instruments en pierre taillée par l'homme de l'âge du mammouth et environ 5,000 ossements d'animaux appartenant à la faune du quaternaire inférieur, résultat de fouilles exécutées par le professeur J. Fraipont et le Dr Tihon dans les grottes de la Méhaigne.

4° Une collection d'instruments en pierre chelliens, moustériens et magdaleiniens des principaux gisements de France.

5° Divers instruments en silex taillés, don de MM. J. Braconnier.

6° Nombreux échantillons d'animaux fossiles, dons de

MM. G. Dewalque, P. Destinez, A. Firket, J. Fraipont, L. de Koninck, M. Lohest, Moreels, Piedbœuf et de Puydt.

La collection de géométrie descriptive appliquée s'est enrichie des modèles suivants :

1° 2 modèles en bois de solides géométriques pour études d'ombres.

2° 3 modèles de surfaces gauches en fils de soie et monture en laiton.

3° 2 modèles de coupe des pierres (voussoirs détachés).

4° 3 modèles de charpente. Comble et assemblages.

La collection de topographie s'est augmentée de deux boussoles sur trépied, destinées aux exercices pratiques effectués par les élèves.

La collection du cours de géographie industrielle s'est enrichie de plusieurs cartes géologiques et économiques.

La collection d'anatomie pathologique spéciale s'est enrichie de préparations microscopiques se rattachant à la pathologie expérimentale des centres nerveux et des nerfs, et de divers instruments et appareils destinés à l'examen du sang.

Le musée d'anatomie pathologique s'est accru de diverses pièces recueillies dans les autopsies pratiquées à l'hôpital clinique ou offertes par des chirurgiens étrangers à l'enseignement. La collection de préparations macroscopiques s'est considérablement accrue par l'étude de ces pièces, et l'enseignement pratique a pu recevoir plus d'extension.

La clinique obstétricale a fait l'acquisition des instruments suivants : un perforateur à 4 branches du Dr Godson ; une pince à os, du même ; une cranioclotte de Barne ; une béquille de Clover ; un fauteuil de Schrœder ; un embryotome de Thomas ; une sonde à valve de Pajot, pour la vessie ; une idem pour l'utérus ; deux pinces à os à mors droits, de Meigs.

La collection de physiologie s'est accrue de quelques instruments d'électro-physiologie.

La collection d'ophthalmologie s'est augmentée des objets suivants :
1° Un ophthalmomètre de Javal;
2° Un astigmomètre Unger;
3° Une machine électrique à courant constant;
4° Une batterie électrique pour galvanocaustique;
5° Instruments pour la bactériologie;
6° Une chambre claire d'Abbe;
7° Un ophthalmo-microscope de Donders;
8° Vingt-cinq yeux artificiels.

BIBLIOTHÈQUE.

Le subside porté au budget de l'État a été, cette année, de 16,100 francs, dont 600 sont destinés à des livres spéciaux pour l'usage de l'École des mines. Le crédit de la ville pour achats de gravures, monnaies, médailles et ouvrages concernant l'ancien pays de Liége a été réduit à 1,000 francs.

Le nombre des volumes inscrits au catalogue d'entrée, depuis le 1er octobre 1887 jusqu'au 1er octobre 1888, est de 4,240, comprenant :

1,237 volumes in-8° et in-12.
228 id. in-4°.
37 id. in-folio.
49 brochures.
2,689 dissertations.

Des dons ont été faits par les gouvernements de Belgique, d'Italie, de France, d'Espagne, des États-Unis d'Amérique, de l'institut Smithsonien, par la Société Franklin de Liége, la Société des Bibliophiles liégeois, l'Association des ingénieurs sortis de l'école de Liége, l'Association britannique pour l'avancement des sciences, la Société médicochirurgicale de Liége, la Société d'art et d'histoire du diocèse de Liége, la Société d s Spirites, la Société d'histoire et de géographie, la Société entomologique de Belgique, la Société de photographie, le Cercle d'étude des Sciences sociales, la Commission des échanges internationaux, le musée Guimet, l'Académie des Lincei de Rome, les Académies de Vienne et de Metz, le Willemsfonds, l'école de Delft, la Société des Étudiants de Liége, la Société archéologique de Namur et les villes de Gand, Liége et Bruxelles ; les universités de Bordeaux, Montpellier, Lyon, Nancy, Poitiers, Besançon, Dijon, Caen, Toulouse, Aix, Rennes, Alger, Clermont, Douay, Paris, Tubingue, Vienne, Upsal, Helsingfors, Breslau, Genève, Groningue, Louvain, Utrecht, Leide, Kiel, Gottingue, Narburg, Bonn, Christiana, Iéna, Rostock, Berne, Fribourg, Würzbourg, Munich, Copenhague, Heidelberg, Königsberg, Zürich, Lund, Berlin, Bâle, Bruxelles, Sarragosse, Porto, Madrid, Coimbre, Padoue et le Gymnase de Hambourg, ont continué l'envoi de leurs publications.

Des dons ont encore été faits par des personnes amies de l'instruction, dont les noms suivent : G. Fréson, de Smedt, Detrooz, G. Beltjens, Pasquet, Schiffers, G. Dejardin, A. Dejardin, de Peralta, Dupriez, Thompson, Laurent, Van Bastelaer, Lapaille, Draner, Schoenfeld, Horion, Van Ormelingen, Pierlot, Cl. Lyon, Jean Luvini, Boselli, Jauken, Boux, Jean Fontaine, le d^r J. Smets, Preudhomme de Borre, le d^r Jorissenne, G. Demblon, Nizet, J. Defrecheux, Jos. Demarteau, Vaillant-Carmanne, Ch. Aug. Desqer, Vonden Busch, L. de Thier, le d^r King de Calcutta, et par MM. les professeurs, chargés de cours et assistants, J. Fraipont, Perard, Wasseige, Kupfferschlaeger, Roersch, G. Thiry, Le Paige, Loomans, Dewalque, Kurth, Troisfontaines, F. Thiry, E. Van Aubel, Chandelon, V. Chauvin,

Vanlair, L. Fredericq, Ch. Firket, H. Dechamps, Holzer, Neuberg, Dwelshauvers, A. Stévart, E. Ronkar, O. Terfve et J. Jorissenne.

Nous remercions, au nom de l'Université, les donateurs qui ont bien voulu enrichir notre bibliothèque.

On a consulté sur place 13,782 volumes, outre les revues périodiques.

Le prêt au dehors a été de 7,710 volumes et de 1,025 partitions et parties de musique.

Chers Collègues,

En prenant, il y a trois ans, les hautes fonctions que je quitte aujourd'hui, je constatais que votre préoccupation la plus constante était la prospérité morale et scientifique de l'Université; je vous promettais alors, dans les limites de mes moyens, de chercher à vous faire donner une part de responsabilité plus grande dans la réalisation de ce bien-être et de me faire, avec la plus rigoureuse fidélité, l'interprète des idées, des sentiments, des vœux du corps professoral : je crois avoir, sous ce rapport, tenu ma promesse.

La bienveillance et la sympathie sur lesquelles je comptais de votre part, vous me les avez largement données; aussi, je ne saurais trop vous remercier d'avoir ainsi facilité ma tâche, et je vous en conserverai une grande reconnaissance.

Messieurs les Étudiants,

Arrivé au terme de mes fonctions rectorales, en vous faisant mes adieux, je me sens tout ému. Je me rappelle encore mes appréhensions lorsque , il y a trois ans, j'ai reçu la charge de veiller à l'ordre dans l'Université, à votre conduite à l'extérieur, à la régularité de vos études.

Cette tâche, que l'on assume avec une certaine crainte, n'est cependant pas bien lourde, grâce aux sentiments généreux et bons de la jeunesse; ces sentiments, vous n'avez cessé de les montrer pendant toute la durée de mon rectorat. Aussi, j'en suis fier pour notre chère université, et je suis certain que sa réputation ne fera que grandir chez nous et à l'étranger; car, sans ordre et sans discipline, elle perdrait la confiance des pères de famille; l'excellence des études serait compromise, et le meilleur établissement serait perdu.

Tous, professeurs et disciples, sont intéressés à maintenir les bonnes traditions de famille qui ont toujours existé à l'Université de Liége, et qui tendent constamment à se développer.

Monsieur le Recteur,

J'ai l'honneur de vous remettre les insignes du rectorat : l'hermine, symbole de l'autorité, et les faisceaux, attributs du pouvoir.

Recevez-les, Monsieur le Recteur, en même temps que mes félicitations pour la haute dignité que le gouvernement vient de vous conférer; acceptez aussi mes vœux pour que, sous votre rectorat, les fonctions qui vous sont confiées deviennent de mieux en mieux définies et pour que l'Université de Liége continue à prospérer.

Ces vœux, vous les réaliserez certainement; vous avez pour vous votre science, vos connaissances étendues et votre volonté de bien faire.

Aussi, Monsieur le Recteur, vous pouvez compter sur la confiance et le dévouement de vos collègues.

M. Roersch a répondu en ces termes :

Monsieur le Pro-recteur,

Sur un ancien monument de la ville de Liége, on a inscrit jadis ces deux vers latins, aujourd'hui en partie effacés :

Est onus omnis honor. Quæ rite sequuntur adeptum
Sunt labor et longe tristissima sollicitudo.

Pénétré de la vérité de cette sentence et ayant pleinement conscience de ma faiblesse, je n'ai pas ambitionné le laborieux honneur du Rectorat, et j'aurais été heureux de voir placer ce fardeau sur des épaules plus robustes.

Les paroles encourageantes que vous avez bien voulu m'adresser, m'inspirent la plus vive reconnaissance. Toutefois, ce n'est pas sans appréhension que je reçois ces insignes, portés avec tant de distinction par vous et par vos prédécesseurs.

Continuant l'œuvre de votre éminent devancier, vous avez poursuivi, avec un zèle incessant, avec un dévouement absolu, l'établissement de nos instituts scientifiques. Vous avez aussi, en toute circonstance, soutenu l'indépendance des facultés et acquis, par l'aménité de votre caractère, l'estime, la sympathie, l'affection de tous vos collègues. Ils s'associent de tout cœur, j'en suis sûr, à l'hommage que je vous rends et vous remercient avec moi du bien que vous avez fait à l'Université !

Pourrai-je contribuer comme vous, non-seulement à maintenir cette grande institution nationale à la hauteur où elle est parvenue, mais à l'élever encore davantage? Une chose est certaine, c'est que mes actions n'auront pas d'autre mobile et que toutes les forces de ma volonté et de mon intelligence seront consacrées uniquement à la défense des grands intérêts qui me sont confiés.

Mes chers Collègues,

Nous sommes unis, depuis longtemps, par les mêmes sentiments, par l'amour de la science, par le désir de la voir progresser et par celui d'initier à ses secrets cette nombreuse et vaillante jeunesse qui vient s'instruire à nos leçons.

Cette conformité de vues et la bienveillance que vous m'avez toujours témoignée, me donnent l'espoir que vous voudrez bien me seconder et que je trouverai chez vous l'appui dont j'ai besoin pour l'accomplissement de ma tâche. Je m'efforcerai, de mon côté, d'agir constamment de concert avec vous et d'amener la réalisation des mesures que vous jugerez utiles au progrès de la science et de l'enseignement.

Messieurs les Étudiants,

Dans ma carrière professorale déjà longue, j'ai toujours eu pour mes élèves une véritable affection. Permettez-moi de vous considérer comme formant une grande famille, et de vous donner quelques conseils dictés par l'expérience et par l'amitié la plus sincère.

Vous venez ici pour acquérir les connaissances qui vous ouvriront l'accès aux professions libérales. Je n'ai pas besoin de vous recommander la régularité dans la conduite ni la continuité dans le travail. Ce sont là, vous le savez, les premiers éléments du succès. Il y a d'autres points sur lesquels je désire fixer votre attention.

Avant d'aborder les études qui conduisent directement à un état déterminé, vous devrez vous appliquer à bien des matières que vous pourriez y croire étrangères. Gardez-vous cependant de les considérer comme de peu d'importance et ne vous contentez pas de les effleurer. Ces matières forment la base sur laquelle tout l'édifice de vos connaissances doit s'élever, et l'on ne saurait bâtir solidement que sur des fondements bien affermis.

Gardez-vous aussi de croire que les leçons théoriques de vos professeurs puissent seules vous donner les aptitudes requises pour réussir un jour dans la science ou dans l'exercice de votre profession. Ce qui vous est le plus nécessaire pour marcher sûrement dans la voie que vous aurez choisie, ce que vous devez retirer surtout de vos études universitaires, c'est l'art de travailler, c'est une méthode rigoureuse, c'est le talent d'observer, d'analyser, de juger et de combiner. Cette méthode, cet art indispensables, vous ne sauriez les acquérir qu'en travaillant par vous-même, guidés d'abord par un maître habile et éclairé, qui soutienne vos premiers pas, vous montre les écueils, vous indique les moyens de les éviter. Ces guides sages et dévoués vous les trouverez dans les cours pratiques, dans les laboratoires, dans les instituts. Allez, Messieurs, vous mettre sous leur direction, et si, au terme de vos études, vous savez travailler, alors vous aurez non plus seulement le goût que vous pouviez ressentir au début, mais l'amour, la passion de la science, et vous pourrez nourrir l'espoir d'être un jour des hommes utiles à votre pays et de faire honneur à notre Université.

MESSIEURS,

Nous vous remercions sincèrement d'avoir bien voulu assister à cette séance d'ouverture. Votre présence à nos cérémonies nous est un témoignage précieux de votre vive sollicitude pour les intérêts de l'enseignement supérieur et pour la prospérité de notre Université. Nous osons espérer que vous continuerez à l'honorer de votre bienveillance et à nous encourager dans nos travaux.

Je déclare ouverte l'année académique 1888-1889.

AUTORITÉS ACADÉMIQUES

—

.

CORPS ENSEIGNANT

—

PROGRAMME DES COURS

AUTORITÉS ACADÉMIQUES

Recteur et Président du Conseil :

M. L. ROERSCH, professeur ordinaire à la Faculté de philosophie.

Secrétaire du Conseil :

M. W. SPRING, professeur ordinaire à la Faculté des sciences.

Doyens des Facultés :

Faculté de Philosophie et Lettres.

M. Ars. DESCHAMPS, professeur ordinaire.

Faculté de Droit.

M. A. BONTEMPS, professeur ordinaire.

Faculté des Sciences.

M. J. NEUBERG, professeur ordinaire.

Faculté de Médecine.

M. Th. PLUCKER, professeur ordinaire.

CORPS ENSEIGNANT.

FACULTÉ DE PHILOSOPHIE & LETTRES.

Professeurs ordinaires.

J. STECHER (*quai de Fragnée, 36*) : Histoire de la littérature grecque et de la littérature latine. — Exercices d'analyse et de critique littéraire.

A. LE ROY (*rue Fusch, 32*) : Logique. — Histoire de la philosophie ancienne et de la philosophie moderne. — Métaphysique générale et spéciale.

J. DELBŒUF (*boulevard Frère-Orban, 32*) : Explications d'auteurs latins. — Exercices philologiques sur la langue latine. — Id. sur la langue grecque. — Exercices spéciaux sur la philosophie.

L. ROERSCH (*rue de Chestret, 5*) : Explication d'auteurs grecs. — Éléments de la grammaire générale. — Exercices spéciaux de philologie classique. — Antiquités grecques.

G. KURTH (*rue Simonon, 25*) : Histoire politique du moyen-âge. — Histoire comparée des littératures européennes modernes.

V. CHAUVIN (*rue Wazon, 52*) : Littérature orientale (Hébreu et Arabe). — Droit musulman. — Histoire ancienne de l'Orient.

N. LEQUARRÉ (*rue André Dumont, 37*) : Histoire politique du moyen-âge. — Histoire politique moderne. — Géographie générale.

A. DESCHAMPS (*rue de la Paix, 14*) : Histoire de la littérature française. — Psychologie. — Philosophie morale.

E. HUBERT (*rue Duvivier, 20*) : Histoire contemporaine. — Histoire politique interne de la Belgique. — Exercices pratiques sur l'histoire de Belgique.

Professeur extraordinaire.

H. FRANCOTTE (*quai de l'Industrie, 15*) : Histoire politique de l'antiquité. — Antiquités romaines envisagées au point de vue des institutions politiques.

Chargés de cours.

C. RENARD (*rue Sainte-Véronique, 28*) : Esthétique et histoire de l'art.

R. DE BLOCK (*rue Fabry, 9*) : Histoire de la littérature flamande. — Epigraphie grecque et latine.

M. WAGNER (*rue Saint-Gilles, 239*) : Langues et littératures germaniques et exercices y relatifs.

E. MONROSE (*Passage de la Monnaie, 4, Bruxelles*) : Cours de lecture à haute voix et de débit oratoire.

S. BORMANS (*rue Louvrex, 73*) : Paléographie et diplomatique.

FACULTÉ DE DROIT.

Professeur émérite.

V. THIRY (*rue Courtois, 20*) : Droit civil moderne. — Droit commercial.

Professeurs ordinaires.

E. DE LAVELEYE (*rue Courtois, 38*) : Économie politique. — Économie industrielle.

A. DE SENARCLENS (*boul. Frère-Orban, 10*) : Pandectes.

F. THIRY (*rue Fabry, 1*) : Organisation judiciaire, compétence et procédure civile. — Droit criminel belge.

G. GALOPIN (*S¹-Jacques, Angleur*) : Droit civil moderne. — Lois organiques du notariat. — Lois fiscales.

A. BONTEMPS (*rue Hemricourt, 22*) : Droit administratif et droit public interne. — Encyclopédie du droit.

Professeurs extraordinaires.

CH. DEJACE (*avenue d'Avroy, 60*) : Introduction historique au cours de droit civil. — Histoire et institutes du droit des gens, y compris la législation sur les consulats. — Droit naturel ou philosophie du droit.

J. NAMUR (*rue Nysten, 30*) : Histoire et institutes du droit romain.

FACULTÉ DES SCIENCES.

Professeurs ordinaires.

G. DEWALQUE (*rue de la Paix, 17*) : Minéralogie et géologie. — Paléontologie stratigraphique.

A. GILLON (*avenue Rogier, 29*) : Métallurgie.

L. PERARD (*rue du Saint-Esprit, 101*) : Physique expérimentale pour le doctorat. — Mécanique élémentaire.

ED. VAN BENEDEN (*quai des Pêcheurs, Institut de zoologie*) : Éléments de zoologie. — Zoologie. — Anatomie et physiologie comparées. — Embryologie.

W. SPRING (*rue Beckman, 32*) : Chimie générale. — Chimie générale approfondie.

V. DWELSHAUVERS-DERY (*quai Marcellis, 4*) : Mécanique appliquée aux arts. — Physique industrielle.

A. HABETS (*rue Paul Devaux, 4*) : Exploitation des mines.

J. GRAINDORGE (*rue Paradis, 92*) : Théories dynamiques de Jacobi et Mécanique céleste. — Géométrie analytique. Mécanique analytique.

C. Le Paige (*rue des Anges, 21*) : Éléments de la théorie des déterminants. — Géométrie supérieure. — Analyse pure et calcul des probabilités.

L. L. de Koninck (*rue Bassenge, 48*) : Chimie analytique. — Docimasie.

J. Neuberg *(rue de Sclessin, 6)* : Algèbre supérieure. — Calcul différentiel, calcul intégral et éléments du calcul des variations. — Géométrie projective et exercices y relatifs. — Compléments de géométrie descriptive.

Professeurs extraordinaires.

H. Dechamps *(rue des Vingt-Deux, 9)* : Architecture industrielle. — Construction des machines. — Travaux graphiques.

A. Gravis *(rue Bassenge, 33)* : Botanique.

J. Fraipont *(Mont Saint-Martin, 17)* : Géographie et paléontologie animales.

Chargés de cours.

F. Folie *(Plateau de Cointe)* : Astronomie et géodésie.

A. Schorn, professeur à l'École des mines *(rue des Prémontrés, 9)* : Géométrie descriptive et ses applications.

A. Firket (*rue d'Artois, 28)* : Notions élémentaires de minéralogie et de géologie.

E. Ronkar *(rue St-Gilles, 249)* : Physique mathématique générale, y compris la théorie du potentiel ; physique mathématique approfondie. — Statique graphique.

Ch. Fievez *(Observatoire royal de Bruxelles)* : Astrophysique.

J. Deruyts *(rue des Augustins, 35)* : Compléments d'analyse.

P. G. De Heen *(rue de Joie, 58)* : Physique expérimentale générale. — Physico-chimie. — Exercices pratiques de physique.

Chargés de cours aux Écoles spéciales.

J. Van Scherpenzeel Thim, directeur général des mines (*rue Nysten, 34*) : Législation minière et industrielle.

A. Stévart (*rue Paradis, 75*) : Exploitation des chemins de fer.

E. Gerard, ingénieur des télégraphes (*place de l'Acclimatation, 3*) : Applications de l'électricité (éléments d'électro-technique). — Théorie de l'électricité. — Electrotechnique. — Exercices d'électro-technique.

L. Goret, professeur à l'École des mines (*rue Sainte-Marie, 19*) : Chimie industrielle.

V. Francken, ingénieur (*rue St-Hubert, 9*) : Analyse des produits industriels. — Travaux de recherches chimiques.

P. Trasenster, ingénieur (*boulevard Frère-Orban, 47*) : Geographie industrielle et commerciale.

H. Holzer, professeur à l'École des mines (*boulevard Frère-Orban, 34*) : Technologie du constructeur. — Théorie des mécanismes. — Travaux graphiques.

J. Krutwig, docteur en sciences (*rue du Parc, 15*) : Manipulations chimiques. — Travaux docimastiques.

Ph. Banneux, ingénieur des mines (*rue Vivegnis, 38*) : Analyse élémentaire.

G. Duguet (*rue du Parc, 17*) : Cours de topographie et exercices y relatifs.

F. Muth, maître de langues (*rue Fusch, 46*) : Langue allemande.

L. de Locht, ingénieur (*rue des Bégards, 19*) : Travaux graphiques.

FACULTÉ DE MÉDECINE.

Professeurs ordinaires.

Ad. Wasseige (*rue Lebeau, 6*) : Théorie des accouchements. — Clinique obstétricale. — Opérations obstétricales.

V. Masius (*rue Beeckman, 18*) : Clinique des maladies des enfants. — Clinique interne. — Policlinique interne.

C. Vanlair (*rue des Augustins, 45*) : Pathologie et thérapeutique spéciales des maladies internes, y compris les maladies mentales. — Clinique des maladies des vieillards.

J. Ch. Van Aubel (*rue Louvrex, 107*) : Pharmacognosie et éléments de pharmacie. — Thérapeutique générale. — Médecine légale.

A. Swaen (*rue Ste-Marie, 5*) : Anatomie de texture générale ; anatomie descriptive ; anatomie des régions ; anatomie de texture spéciale. — Démonstrations anatomiques. — Exercices microscopiques d'histologie normale.

A. Von Winiwarter (*place Ste-Véronique, 29*) : Pathologie chirurgicale générale. — Clinique externe. — Théorie et pratique des opérations chirurgicales. — Policlinique externe.

F. Putzeys (*boulevard d'Avroy, 71*) : Une partie de l'anatomie descriptive. — Démonstrations anatomiques. — Hygiène publique et privée.

A. Gilkinet (*rue Renkin, 13*) : Pharmacie théorique et pratique. — Exercices microscopiques. — Paléontologie végétale.

L. Fredericq (*rue de Pitteurs, Institut physiologique*) : Physiologie humaine.—Exercices pratiques de physiologie.

P. Nuel (*rue Louvrex, 28*) : Physiologie des organes des sens. — Ophthalmologie. — Clinique et policlinique ophtalmologiques.

Th. Plucker (*rue Charles Morren, 10*) ; Pathologie chirurgicale, y compris les affections des os et des articulations. — Clinique et policlinique des maladies syphilitiques et cutanées.

Professeur extraordinaire.

Ch. Firket *(rue Louvrex, 125)* : Anatomie pathologique.
— Démonstrations anatomo-pathologiques. — Autopsies. —
Exercices pratiques d'histologie pathologique. — Bactério-
logie pathologique.

Chargés de cours.

Th. Chandelon *(rue St-Gilles, 86)* : Chimie toxicologique. — Exercices pratiques de chimie toxicologique.
Ch. Julin *(rue Bassenge, 46)* : Anatomie comparée.
X. Francotte *(quai de l'Industrie, 15)* : Pathologie
générale. — Pathologie générale du système nerveux.

Agrégés spéciaux.

A. Jorissen *(rue Sur-la-Fontaine, 106)* : Analyse orga-
nique et falsifications des denrées alimentaires.

PROFESSEURS ÉMÉRITES.

MM. Is. Kupfferschlaeger, *rue du Jardin-Botanique, 18.*
J. P. Schmit, à Bruxelles.
A. C. De Cuyper, *rue Mercelis, 80,* à Bruxelles.
J. H. Borlée, *Etterbeck.*
J. E. Catalan, *rue des Éburons, 21.*
Ch. Loomans, *rue Beeckman, 20.*
P. Namur, *rue Bassenge, 32.*

PROGRAMME DES COURS.

DÉSIGNATION DES COURS.	NOMS des PROFESSEURS.	PREMIER SEMESTRE.	SECOND SEMESTRE.
FACULTÉ DE PHILOSOPHIE ET LETTRES.			
(Doyen: M. Ars. Deschamps. — Secrétaire : M. H. Francotte.)			
Matières de la première épreuve de la candidature préparatoire au doctorat dans la même Faculté.	MM.		
lication d'auteurs latins	Delbœuf (J.), prof. ordinaire.	Vendredi, 8 à 9 h.; merc., 11 à 12.	Mercredi, 9 à 10 h.; jeudi, 10 à 11 h.
lication d'auteurs grecs	Roersch (L.), prof. ordinaire.	Lundi, mercredi, 8 à 9 h.	Lundi, vendredi, 8 à 9 h.
toire politique de l'antiquité	Francotte (H.), prof. extraord.	Mardi, jeudi, samedi, 9 à 10 h.	. . . .
iquités romaines envisagées au point e vue des institutions politiques	(Idem.)	Lundi, 10 à 11 h.; merc., 9 à 10 h.; vendredi, 11 à 12.	. . . .
toire politique du moyen-âge	Kurth (G.), prof. ordinaire.	Lundi, vendredi, 9 à 10 h.; mardi, 11 à 12 h.; merc., 10 à 11 h.	. . . .
toire politique interne de la Belgique.	Hubert (E.), prof. ordinaire.	Lundi, 12 à 1 h.; jeudi, 2 1/2 à 3 1/2 h.; vendredi, 12 à 1 h.	. . . .
MATIÈRES DE LA SECONDE ÉPREUVE.			
lication d'auteurs latins	Delbœuf (J.), prof. ordinaire.	Vendredi, 8 à 9 h.; merc., 11 à 12 h.	Mercredi, 9 à 10 h.; jeudi, 10 à 11 h.
lication d'auteurs grecs	Roersch (L.), prof. ordinaire.	Lundi, mercredi, 8 à 9 h.	Lundi, vendredi, 8 à 9 h.
toire de la littérature française.	Deschamps (A.), prof. ordinaire.	Lundi, jeudi, 11 à 12 h.	Mardi, samedi, 8 à 9 h.
chologie	(Idem.)	Mardi, jeudi, vend., sam., 10 à 11 h.	. . . .
losophie morale.	(Idem.)	. . . .	Mercredi, vendredi, 10 à 11 h.
ique.	Le Roy (A.), prof. ordinaire.	. . . .	Lundi, vendredi, 9 à 10 h.
toire politique moderne	Lequarré (N.), prof. ordinaire.	. . . .	Mardi, jeudi, samedi, 9 à 10 h.
toire de la littérature flamande.	De Block (R.), chargé de cours.	. . . .	Lundi, 10 à 11 h.; samedi, 12 à 1 h.
Matières de l'examen de docteur.			
PREMIÈRE ÉPREUVE.			
rcices philologiques sur la langue recque	Delbœuf (J.), prof. ordinaire.	Mardi, jeudi, 9 à 10 h.	Mardi, mercredi, 10 à 11 h.
Id. sur la langue latine.	(Idem.)	Mercredi, vendredi, 9 à 10 h.	Mardi, jeudi, 9 à 10 h.
toire de la philosophie ancienne et de philosophie moderne (1re partie).	Le Roy (A.), professeur ordinaire.	Mardi, jeudi, 8 à 9 h.	Mercredi, vendredi, 8 à 9 h.
toire de la littérature grecque et de la ttérature latine (1re partie)	Stecher (J.), profess. ordinaire.	Jeudi, vendredi, 10 à 11 h.	Jeudi, 11 à 12 h.; samedi, 10 à 11 h.
ments de la grammaire générale	Roersch (L.), profess. ordinaire.	Merc., jeudi, 11 à 12 h.; sam., 10 à 11 h.	. . . .
SECONDE ÉPREUVE.			
rcices philologiques sur la langue ecque	Delbœuf (J.), prof. ordinaire.	Mardi, jeudi, 9 à 10 h.	Mardi, mercredi, 10 à 11 h.
Id. sur la langue latine.	(Idem.)	Mercredi, vendredi, 9 à 10 h.	Mardi, jeudi, 9 à 10 h.
oire de la philosophie ancienne et de philosophie moderne (2e partie).	Le Roy (A.), prof. ordinaire.	Mardi, jeudi, 8 à 9 h.	Mercredi, vendredi, 8 à 9 h.
oire de la littérature grecque et de la ttérature latine (2e partie)	Stecher (J.), prof. ordinaire.	Jeudi, vendredi, 10 à 11 h.	Jeudi, 11 à 12 h.; samedi, 10 à 11 h.
iquités grecques.	Roersch (L.), prof. ordinaire.	. . . .	Jeudi, 10 à 11 h.; vendr., 9 à 10 h.; samedi, 8 à 9 h.
oire comparée des littératures euro-éennes modernes	Kurth (G.), prof. ordinaire.	Mardi, 10 à 11 h.; vend., 11 à 12 h.; samedi, 9 à 10 h.	. . . .
aphysique générale et spéciale	Le Roy (A.), prof. ordinaire.	Mercr., vendredi, samedi, 8 à 9 h.	. . . .
COURS AUTORISÉ.			
toire politique du moyen-âge	Lequarré (N.), prof. ordinaire.	Mardi, jeudi, sam., 8 à 9 h.; merc., 12 à 1 h.	. . . .
Matières non comprises dans les examens.			
rcices spéciaux sur la philosophie.	Delbœuf (J.), prof. ordinaire.	Une séance par semaine.	Une séance par semaine.
rcices de critique littéraire et philolo-ique (textes français du XVIe siècle).	Stecher (J.), prof. ordinaire.		Jours et heures à fixer ultérieurem[t].
onomie politique	De Laveleye (E.), prof. ordinaire.	Mardi, jeudi, samedi, 11 1/2 h. à 1 h.	. . . .
urs pratique : Histoire de Rome.	Francotte (H.), prof. extraord.	Samedi, 11 à 12 h.	. . . .
tique des sources de l'histoire du Pays de Liége.	Kurth (G.), prof. ordinaire.	Une séance par semaine.	. . . .
urs pratique d'histoire: Encyclopédie des sciences historiques. — Exercices pratiques sur les sources de l'histoire de Belgique au XVIIIe siècle	Hubert (E.), prof. ordinaire.	Jeudi, 3 1/2 à 5 1/2 h.	. . . .
thétique et histoire de l'art	Renard (C.), chargé de cours.	Lundi, merc., vend., 4 1/2 à 5 1/2 h.	Jeudi, 4 à 5 h.
ercices critiques et pratiques sur les arts	(Idem.)	. . . .	Mercredi, 9 à 10 h.
ercices spéciaux de philologie classique	Roersch (L.), prof. ordinaire.	Mercredi, 11 à 12 h.	Lundi, 9 à 10 h.; samedi, 11 à 12 h.
igraphie grecque et latine (1re partie).	De Block (R.), chargé de cours.	. . . .	Lundi, mercredi, vendredi, 12 à 1 h.
ttérature orientale: hébreu.	Chauvin (V.), prof. ordinaire.	Lundi, mer., 11 à 12 h.; vend., 9 à 10 h.	Mardi, jeudi, samedi, 12 à 1 h.
» » arabe	(Idem.)	Mardi, jeudi, samedi, 11 à 1 h.	. . . .
roit musulman	(Idem.)	Jour et heure à fixer ultérieurem.	Samedi, 10 à 11 h.
éographie.	Lequarré (N.), prof. ordinaire.	. . . .	. . . .
istoire contemporaine	Hubert (E.), prof. ordinaire.	Lundi, mardi, vendredi, 3 à 4 h.	Samedi, 12 à 1 h.
istoire ancienne de l'Orient (Arabie).	Chauvin (V.), prof. ordinaire.	. . . .	Mercredi, jeudi, vendredi, 12 à 1 h.
angue et littérature sanskrites.	***	. . . .	Lundi, 11 à 12 h.; jeudi, 8 à 9 h.
angues et littératures germaniques	Wagner (M.), chargé de cours.	Lundi, samedi, 12 à 1 h.	. . . .
ours théorique et pratique de lecture à haute voix et de débit oratoire	Monrose (E.), chargé de cours.	Lundi, 3 à 4 h.	Lundi, 3 à 4 h.
aléographie et Diplomatique, y compris des exercices pratiques	Bormans (S.), chargé de cours.	Mercredi, samedi, 12 à 1 h.	Mercredi, samedi, 12 à 1 h.

DÉSIGNATION DES COURS.	NOMS des PROFESSEURS.	JOURS ET HEURES. PREMIER SEMESTRE.	SECOND SEMESTRE.

FACULTÉ DE DROIT.

(Doyen : M. A. Bontemps. — Secrétaire : M. Ch. Dejace.)

Candidature.

DÉSIGNATION DES COURS.	NOMS des PROFESSEURS.	PREMIER SEMESTRE.	SECOND SEMESTRE.
	MM.		
Histoire et institutes du droit romain. .	Namur (J.), prof. extraordinaire.	Mardi, jeudi, sam., 10 à 11 1/2 h.	Mardi, jeudi, samedi, 10 à 11 1/2 h.
Droit naturel ou philosophie du droit. .	Dejace (Ch.), prof. extraordinaire.	. . . .	Jeudi, samedi, 11 1/2 à 1 h.
Introduction historique au cours de droit civil (cours trimestriel)	(Idem.)	Jeudi, samedi, 11 1/2 à 1 h.	. . . .
Encyclopédie du droit (cours trimestriel)	Bontemps (A.), prof. ordinaire.	Mercredi, 10 à 11 1/2 h.	. . . .

Doctorat.

PREMIÈRE ÉPREUVE.

DÉSIGNATION DES COURS.	NOMS des PROFESSEURS.	PREMIER SEMESTRE.	SECOND SEMESTRE.
Droit civil moderne (1re partie : un tiers) .	Galopin (G.), prof. ordinaire.	Lundi, mercr., vend., 8 1/2 à 10 h.	Lundi, mercr., vend., 8 1/2 à 10 h.
Pandectes	De Senarclens (A.), prof. ordinaire.	Mardi, jeudi, samedi, 11 1/2 à 1 h.	Mardi, jeudi, samedi, 11 1/2 à 1 h.
Droit criminel belge (1re part. : Droit pénal).	Thiry (F.), prof. ordinaire.	Lundi, mercr., vend., 10 à 11 1/2 h.	. . . .
Droit public	Bontemps (A.), prof. ordinaire.	Mardi, jeudi, samedi, 10 à 11 1/2 h.	. . . .
Droit administratif.	(Idem.)	. . . .	Mardi, jeudi, samedi, 10 à 11 1/2 h.

SECONDE ÉPREUVE.

DÉSIGNATION DES COURS.	NOMS des PROFESSEURS.	PREMIER SEMESTRE.	SECOND SEMESTRE.
Droit civil moderne (2e part. : deux tiers).	Thiry (V.), prof. ordinaire.	Mardi, jeudi, samedi, 10 à 11 1/2 h.	Mardi, jeudi, samedi, 10 à 11 1/2 h.
	Galopin (G.), prof. ordinaire.	Lundi, merc., vend., 8 1/2 à 10 h.	Lundi, merc., vend., 8 1/2 à 10 h.
Droit criminel belge (2e partie : Instruction criminelle)	Thiry (F.), prof. ordinaire.	. . . .	Mardi, jeudi, samedi, 10 à 11 1/2 h.
Economie politique.	De Laveleye (E.), prof. ordinaire.	Mardi, jeudi, samedi, 11 1/2 à 1 h.	. . . .
Droit commercial	Thiry (V.), prof. ordinaire.	Lundi, merc., vend., 10 à 11 1/2 h.	. . . .
Organisation judiciaire, compétence et procédure civile	Thiry (F.), professeur ordinaire.	. . . .	Lundi, merc., vend., 10 à 11 1/2 h.

Matières non comprises dans les examens.

DÉSIGNATION DES COURS.	NOMS des PROFESSEURS.	PREMIER SEMESTRE.	SECOND SEMESTRE.
Cours pratique de droit criminel. . . .	Thiry (F.), prof. ordinaire.	Mardi, jeudi, 3 à 4 1/2 h.	. . . .

Grade de candidat notaire.

PREMIÈRE ÉPREUVE.

DÉSIGNATION DES COURS.	NOMS des PROFESSEURS.	PREMIER SEMESTRE.	SECOND SEMESTRE.
Droit civil moderne (1re partie : un tiers).	Galopin (G.), prof. ordinaire.	Lundi, mercr., vend., 8 1/2 à 10 h.	Lundi, mercr., vendr., 8 1/2 à 10 h.
Lois organiques du notariat	(Idem.)	Mardi, jeudi, 8 1/2 à 10 h.	. . . .
Introduction historique au cours de droit civil (cours trimestriel)	Dejace (Ch.), prof. extraordinaire.	Jeudi, samedi, 11 1/2 à 1 h.	. . . .
Encyclopédie du droit (cours trimestriel).	Bontemps (A.), prof. ordinaire.	Mercredi, 10 à 11 1/2 h.	. . . .

SECONDE ÉPREUVE.

DÉSIGNATION DES COURS.	NOMS des PROFESSEURS.	PREMIER SEMESTRE.	SECOND SEMESTRE.
Droit civil moderne (2e partie : deux tiers).	Thiry (V.), prof. ordinaire.	Mardi, jeudi, samedi, 10 à 11 1/2 h.	Mardi, jeudi, samedi, 10 à 11 1/2 h.
	Galopin (G.), prof. ordinaire.	Lundi, merc., vend., 8 1/2 à 10 h.	Lundi, mercr., vendr., 8 1/2 à 10 h.
Lois fiscales et exercices pratiques. . .	(Idem.)	Samedi, 8 1/2 à 10 h.	Mardi, jeudi, 8 1/2 à 10 h.

Doctorat en sciences politiques et administratives.

I. — ÉPREUVE PRÉPARATOIRE.

A. — Pour les candidats en philosophie.

DÉSIGNATION DES COURS.	NOMS des PROFESSEURS.	PREMIER SEMESTRE.	SECOND SEMESTRE.
Encyclopédie du droit (cours trimestriel).	Bontemps (A.), prof. ordinaire.	Mercredi, 10 à 11 1/2 h.	. . . .
Droit naturel ou philosophie du droit. .	Dejace (Ch.), prof. extraordinaire	. . . .	Jeudi, samedi, 11 1/2 à 1 h.
Introduction historique au cours de droit civil (cours trimestriel).	(Idem.)	Jeudi, samedi, 11 1/2 à 1 h.	. . . .
Le premier livre du Code civil et le droit successoral.	Galopin (G.), prof. ordinaire.	Lundi, mercr., vendr., 8 1/2 à 10 h.	Lundi, mercr., vendr., 8 1/2 à 10 h.

B. — Pour les candidats en droit.

DÉSIGNATION DES COURS.	NOMS des PROFESSEURS.	PREMIER SEMESTRE.	SECOND SEMESTRE.
Le premier livre du Code civil et le droit successoral	(Voir ci-dessus.)	. . . .	. . . .

II. — EXAMEN DE DOCTEUR.

DÉSIGNATION DES COURS.	NOMS des PROFESSEURS.	PREMIER SEMESTRE.	SECOND SEMESTRE.
Droit public interne. Éléments et matière spéciale (enseignement réparti sur deux ans)	Bontemps (A.), prof. ordinaire.	Mardi, jeudi, samedi, 10 à 11 1/2 h	. . . .
Droit administratif (matières mises en rapport avec un cours d'un an) . . .	(Idem.)	. . . .	1re partie : mardi, jeudi, samedi, 10 à 11 1/2 h. 2e partie : mercredi, 11 1/2 à 1 h.
Economie politique (matières mises en rapport avec un cours d'un an) . . .	De Laveleye (E.), prof. ordinaire.	Mardi, jeudi, samedi, 11 1/2 à 1 h.	. . . .
Histoire et institutes du droit des gens, y compris la législation sur les consulats (enseignement réparti sur deux ans) .	Dejace (Ch.), prof. extraordinaire.	Mardi, jeudi, samedi, 8 1/2 à 10 h.	. . . .

DÉSIGNATION DES COURS.	NOMS des PROFESSEURS.	JOURS ET HEURES. PREMIER SEMESTRE.	SECOND SEMESTRE.

FACULTÉ DES SCIENCES. — (Doyen: M. J. NEUBERG. — Secrétaire: M. J. FRAIPONT.)

Candidature en sciences naturelles.

DÉSIGNATION DES COURS.	NOMS des PROFESSEURS.	PREMIER SEMESTRE.	SECOND SEMESTRE.
	MM.		
...ogie	LE ROY (A.), prof. ordinaire.		Lundi, vendredi, 9 à 10 h.
...phie morale	DESCHAMPS (A.), prof. ordinaire.	Mardi, jeudi, vend., sam., 10 à 11 h.	Mercredi, vendredi, 10 à 11 h.
...ie expérimentale	(Idem.)		Mardi, jeudi, samedi, 11 à 12 1/2 h.
...ts de zoologie	DE HEEN (P.), ing., chargé de cours.	Mardi, jeudi, samedi, 11 à 12 1/2 h.	Mardi, jeudi, samedi, 8 à 9 1/2 h.
...es de zoologie	VAN BENEDEN (ED.), prof. ordinaire.	Mercredi, jeudi, vend., 8 à 9 1/2 h.	3 séances par semaine, 2 1/2 à 6 h.
	(Idem.)	3 séances par semaine, 2 1/2 à 6 h.	
...éléments de minéralogie et ...éologie			Lundi, 8 à 9 h.
...générale	FIRKET (A.), chargé de cours.	Lundi, 8 à 9 h.	Lundi, mercr., vend., 11 à 12 1/2 h.
...es de chimie	SPRING (W.), prof. ordinaire.	Lundi, mercr., vend., 11 à 12 1/2 h.	3 séances par semaine, 3 à 6 h.
	(Idem.)	3 séances par semaine, 3 à 6 h.	
...ts de botanique générale et spé-, y compris la botanique médicale	GRAVIS (A.), prof. extraordinaire.	Merc., jeudi, vend., 9 1/2 à 11 h.	Merc., jeudi, vend., 9 1/2 à 11 h.
...es de botanique	(Idem.)	3 séances par semaine, 2 à 5 h.	3 séances par semaine, 2 à 5 h.

Examen de candidat en pharmacie.

DÉSIGNATION DES COURS.	NOMS des PROFESSEURS.	PREMIER SEMESTRE.	SECOND SEMESTRE.
...ts de physique expérimentale	DE HEEN (P.), ingénieur, chargé de cours.	Mardi, jeudi, samedi, 11 à 12 1/2 h.	Mardi, jeudi, samedi, 11 à 12 1/2 h.
...e générale	SPRING (W.), prof. ordinaire.	Lundi, mercr., vend., 11 à 12 1/2 h.	Lundi, mercr., vend., 11 à 12 1/2 h.
...ts de botanique générale et spé-, y compris la botanique médicale	GRAVIS (A.), prof. extraordinaire.	Merc., jeudi, vend., 9 1/2 à 11 h.	Merc., jeudi, vend., 9 1/2 à 11 h.
...s élémentaires de minéralogie	FIRKET (A.), chargé de cours.	Lundi, 8 à 9 h.	Lundi, 8 à 9 h.
...es de chimie	SPRING (W.), prof. ordinaire.	3 séances par semaine, 3 à 6 h.	3 séances par semaine, 3 à 6 h.
...es de botanique	GRAVIS (A.), prof. extraordinaire.	3 séances par semaine, 2 à 5 h.	3 séances par semaine, 2 à 5 h.

Doctorat en sciences naturelles.

DÉSIGNATION DES COURS.	NOMS des PROFESSEURS.	PREMIER SEMESTRE.	SECOND SEMESTRE.
...ie	VAN BENEDEN (ED.), prof. ordinaire.	Mercr., jeudi, vendr., 8 à 9 1/2 h.	Mardi, jeudi, samedi, [8 à 9 1/2 h.
...mie de texture	SWAEN (A.), prof. ordinaire.	Mardi, 11 à 12; mercr., vendr., 11 1/2 à 12 1/2 h.	
...atologie et géographie animales	FRAIPONT (J.), prof. extraordinaire.		Mardi, 10 à 11 1/2 h.; jeudi, vendredi, 9 1/2 à 11 h.
...mie et physiologie comparées	VAN BENEDEN (ED.), prof. ordinaire.	Jeudi, vendr., samedi, 3 1/2 à 5 h.	
...ique générale et spéciale, y compris ...ographie des plantes	GRAVIS (A.), prof. extraordinaire.	Samedi, 11 à 12 1/2 h.	Samedi, 11 à 12 1/2 heures.
...atologie végétale	GILKINET (A.), prof. ordinaire.		Mercredi, 9 1/2 à 11 h.
...logie	DEWALQUE (G.), prof. ordinaire.	Mardi, jeudi, samedi, 8 à 9 1/2 h.	
...logie	DEWALQUE (G.), prof. ordinaire. (Idem.)	Lundi, merc., vend., 9 1/2 à 11 h. Jeudi, 11 à 12 1/2 h.	
...ontologie stratigraphique	SPRING (W.), prof. ordinaire.		Mardi, jeudi, 3 à 4 1/2 h.
...nie générale	DE KONINCK (L.), prof. ordinaire.	Mardi, jeudi, samedi, 9 1/2 à 11 h.	Vendredi, 11 à 12 1/2 h.
...nie analytique	VAN BENEDEN (ED.), prof. ordinaire.	Le laborat. est ouv. tous les jours.	Le laborat. est ouvert tous les jours.
...rcices de microscopie comparée	GRAVIS (A.), prof. extraordinaire.	(Idem.)	(Idem.)
...rcices d'anatomie végétale	DEWALQUE (G.), prof. ordinaire.	(Idem.)	(Idem.)
...rcices minéralogiques et géologiques	SPRING (W.), prof. ordinaire.	(Idem.)	(Idem.)
...rcices de chimie générale	DE KONINCK (L.), prof. ordinaire.	(Idem.)	(Idem.)
...rcices de chimie analytique	DEWALQUE (G.), prof. ordinaire.		Dix jours, selon l'occurrence.
...ursions de géologie			

Candidature en sciences physiques et mathématiques.

DÉSIGNATION DES COURS.	NOMS des PROFESSEURS.	PREMIER SEMESTRE.	SECOND SEMESTRE.
...ique	LE ROY (A.), prof. ordinaire.	Mardi, jeudi, vend., sam., 10 à 11 h.	Lundi, vendredi, 9 à 10 h.
...chologie	DESCHAMPS (A.), prof. ordinaire.		Mercredi, vendredi, 10 à 11 h.
...losophie morale	(Idem.)		
...métrie analytique complète à deux et trois dimensions	GRAINDORGE (J.), prof. ordinaire.	Mardi, samedi, 2 1/2 à 4 h.; vend., 8 à 9 1/2 h.	Mardi, 8 à 9 1/2 h.
...métrie descriptive	SCHORN (A.), prof. à l'école des min. / NEUBERG (J.), prof. ordinaire.	Mardi, jeudi, 8 1/2 à 10 h. / Lundi, mercr., 8 1/2 à 10 h.; vendr., 11 à 12 1/2 h.	Lundi, 9 1/2 à 11 h
...èbre supérieure	(Idem.)		Lundi, mercr., 8 à 9 1/2 h.; samedi, 2 1/2 à 4 h.
...cul différentiel, calcul intégral et ...éments du calcul des variations	(Idem.)		Samedi, 11 à 12 1/2 h.
...ments de la théorie des déterminants	LE PAIGE (C.), prof. ordinaire.		Mardi, jeudi, samedi, 9 1/2 à 11 h.
...tique analytique et dynamique du point	GRAINDORGE (J.), prof. ordinaire.		
...ronomie physique	FOLIE (F.), chargé de cours.	Mardi, jeudi, 8 à 9 1/2 h.	Mardi, jeudi, samedi, 11 à 12 1/2 h.
...ysique expérimentale	DE HEEN (P.), ing., chargé de cours.	Mardi, jeudi, samedi, 11 à 12 1/2 h.	
...ncipes généraux de chimie	SPRING (W.), prof. ordinaire.	Lundi, mercr., vendr., 11 à 12 1/2 h.	
...stallographie	DEWALQUE (G.), prof. ordinaire.	Mardi, jeudi, samedi, 8 à 9 1/2 h.	

Doctorat en sciences physiques et mathématiques.

DÉSIGNATION DES COURS.	NOMS des PROFESSEURS.	PREMIER SEMESTRE.	SECOND SEMESTRE.
...alyse pure et calcul des probabilités	LE PAIGE (C.), prof. ordinaire.	Mardi, jeudi, samedi, 2 1/2 à 4 h.	Mardi, jeudi, samedi, 2 1/2 à 4 h.
...canique analytique des systèmes	GRAINDORGE (J.), prof. ordinaire.	Mardi, jeudi, samedi, 9 1/2 à 11 h.	
...ydrostatique et hydrodynamique	FOLIE (F.), chargé de cours.		Mercredi, vendredi, 8 à 9 1/2 h.
...ronomie mathématique	DERCYTS (J.), chargé de cours.	Jeudi, vendredi, 4 1/2 à 6 h.	Jeudi, vendredi, 4 1/2 à 6 h.
...mpléments d'analyse	GRAINDORGE (J.), prof. ordinaire.	Lundi, mercr., vendr., 2 1/2 à 4 h.	Lundi, mercredi, 2 1/2 à 4 h.
...éories dynamiques de Jacobi	(Idem.)	(Idem.)	(Idem.)
...canique céleste			
...ysique mathématique, y compris la ...héorie du potentiel	RONKAR (E.), chargé de cours.	Lundi, mercredi, 4 1/2 à 6 h.	Lundi, mercredi, 4 1/2 à 6 h
...ométrie supérieure analytique et ...ynthétique	LE PAIGE (C.), prof. ordinaire.	Mardi, samedi, 4 1/2 à 6 h.	Mardi, samedi, 4 1/2 à 6 h.
...ysique expér. (théorie et pratique des ...nstruments et des observations)	PERARD (L.), prof. ordinaire.	Lundi, 9 1/2 à 11 h.	Lundi, 9 1/2 à 11 h.

Matières non comprises dans les examens.

DÉSIGNATION DES COURS.	NOMS des PROFESSEURS.	PREMIER SEMESTRE.	SECOND SEMESTRE.
...tro-physique	FIÉVEZ (Ch.), chargé de cours.	Lundi, mercredi, 2 1/2 à 3 1/2 h.	Mercredi, vendredi, 3 à 4 h.
...ysico-chimie	DE HEEN (P.), chargé de cours.		

DÉSIGNATION DES COURS.	NOMS des PROFESSEURS.	JOURS ET HEURES. PREMIER SEMESTRE.	SECOND SEMESTRE.
ÉCOLE DES ARTS ET MANUFACTURES ET DES MINES.			
ENSEIGNEMENT PRÉPARATOIRE.			
Section des Mines.			
1re ANNÉE.			
ENSEIGNEMENT THÉORIQUE.			
	MM.		
Analyse (1re partie).	NEUBERG (J.), prof. ordinaire.	Lundi, merc., 8 1/2 à 10 h.; vendr., 11 à 12 1/2 h.	Lundi, mercredi, 8 à 9 1/2 h.
Géométrie analytique	GRAINDORGE (J.), prof. ordinaire.	Mardi, samedi, 2 1/2 à 4 h.; vendredi, 8 à 9 1/2 h.	. . . .
Géométrie projective	NEUBERG (J.), prof. ordinaire.	Vend., sam., 9 1/2 à 11 h. (en fév.)	Vendredi, samedi, 8 à 9 1/2 h.
Géométrie descriptive	SCHORN (A.), prof. à l'école des min.	Vendredi, 9 1/2 à 11 h.; samedi, 9 à 10 1/2 h. (février exclusivement).	. . . .
Mécanique analytique (1re partie)	GRAINDORGE (J.), prof. ordinaire.	. . . .	Mardi, jeudi, samedi, 9 1/2 à 11 h.
Physique	DE HEEN (P.), ingénieur, chargé de cours.	Mardi, jeudi, samedi, 11 à 12 1/2 h.	Mardi, jeudi, samedi, 11 à 12 1/2 h.
ENSEIGNEMENT PRATIQUE.			
Travaux graphiques de géom. projective.	Dir.: NEUBERG (J.), prof. ordinaire. Ch. de trav.: DE LOCHT (L.), chargé de cours.	. . . .	Lundi, vendredi, 9 1/2 à 12 1/2 h.
Travaux graphiques de géom. descriptive.	Direction : SCHORN (A.), prof. à l'école des mines. Ch. de trav.: DE LOCHT (L.), chargé de cours.	Lundi, mercredi, 10 à 12 1/2 h.; mardi, 8 à 11 h.	Mercredi, 9 1/2 à 12 1/2 h.
Exercices de physique	Ch. de trav.: DE HEEN (P.), chargé de cours.	Lundi, mercr., vendr., 4 à 6 1/2 h.	Lundi, mercredi, vendredi, 3 à 6 h.
INTERROGATIONS.			
Analyse	UBAGHS (P.), répétiteur.	Lundi, mercr., vend., 2 1/2 à 5 h.	Lundi, mercr., vend., 2 1/2 à 5 h.
Géométrie analytique	(Idem.)	Mardi, jeudi, samedi, 4 à 6 h.	
Géométrie projective	DE LOCHT (L.), chargé de cours.	. . . .	Lundi, mercr., vend., 9 1/2 à 12 1/2 h.
Géométrie descriptive	(Idem.)	Lundi, mercredi, 10 à 12 1/2 h.; mardi, 8 1/2 à 11 h.	. . . .
Mécanique analytique	BANNEUX (P.), chargé de cours.	. . . .	Mardi, jeudi, samedi, 3 à 6 h.
Physique	DUGUET (G.), chargé de cours.	Mardi, jeudi, samedi, 4 à 6 h.	Mardi, jeudi, samedi, 3 à 6 h.
2e ANNÉE.			
ENSEIGNEMENT THÉORIQUE.			
	MM.		
Analyse (2e partie).	NEUBERG (J.), prof. ordinaire.	Vendredi, samedi, 8 à 9 1/2 h.	. . . .
Mécanique analytique (2e partie)	GRAINDORGE (J.), prof. ordinaire.	Mardi, jeudi, samedi, 9 1/2 à 11 h.	. . . .
Statique graphique	RONKAR (E.), chargé de cours.	. . . .	Jeudi, samedi, 9 1/2 à 11 h.
Géométrie descriptive appliquée	SCHORN (A.), prof. à l'école des min.	Lundi, mercredi, 9 1/2 à 11 h.	Mercredi, samedi, 8 à 9 1/2 h.
Astronomie et géodésie.	FOLIE (F.), chargé de cours.	Mardi, jeudi, 8 à 9 1/2 h.	Mardi, jeudi, 8 à 9 1/2 h.
Chimie générale	SPRING (W.), prof. ordinaire.	Lundi, mercr., vend., 11 à 12 1/2 h.	Lundi, mercr., vend., 11 à 12 1/2 h.
Allemand (1er cours)	MUTH (F.), maître de langues.	Mercredi, 6 à 7 h.	Mercredi, 6 à 7 h.
Anglais (1er cours)	X.....	Samedi, 6 à 7 h.	Samedi, 6 à 7 h.
ENSEIGNEMENT PRATIQUE.			
Travaux graph. de statique graphique.	Dir.: RONKAR (E.), chargé de cours.	. . . .	Samedi, 11 à 12 1/2 h.
Travaux graph. de géom. descriptive appl.	Direction : SCHORN (A.), prof. à l'école des mines. Ch. de trav.: DE LOCHT (L.), chargé de cours.	Mardi, jeudi, samedi, 11 à 12 1/2 h.	Mardi, 9 1/2 à 12 1/2 h.; jeudi 11 à 12 1/2 h.
Manipulations chimiques	Dir.: SPRING (W.), prof. ordinaire. Ch. de trav.: KRUTWIG (J.), répétit.	Mardi, jeudi, samedi, 2 1/2 à 6 h.	Mardi, jeudi, samedi, 2 1/2 à 6 h.
Astronomie	Dir.: FOLIE (F.), chargé de cours. Ch. de trav.: UBAGHS (P.), répétit.	. . . .	Lundi soir (heures à déterminer)
INTERROGATIONS.			
Analyse.	UBAGHS (P.), répétiteur.	Mardi, jeudi, 6 à 7 h.	Mardi, jeudi, samedi, 2 1/2 à 6 h.
Mécanique analytique	BANNEUX (P.), chargé de cours.	Mardi, jeudi, samedi, 3 à 6 h.	Mardi, 9 1/2 à 12 1/2 h.; jeudi, 11 à 12 1/2 h.
Géométrie descriptive appliquée	DE LOCHT (L.), chargé de cours.	Mardi, jeudi, samedi, 11 à 12 1/2 h.	
Astronomie et géodésie	UBAGHS (P.), répétiteur.	Lundi, mercredi, vendredi, 5 à 6 h.	Lundi, mercredi, vend., 3 à 6 h.
Chimie générale	FRANCKEN (V.), chargé de cours.	Lundi, mercredi, 8 à 9 1/2 h.; vendredi, 9 1/2 à 11 h.	Lundi, vendredi, 8 à 9 1/2 h.
Section des Arts et Manufactures.			
ANNÉE UNIQUE.			
ENSEIGNEMENT THÉORIQUE.			
	MM.		
Éléments d'analyse	BANNEUX (P.), chargé de cours.	Lundi, mercredi, 8 à 9 1/2 h.	Mercredi, 9 1/2 à 11 h.
Mécanique élémentaire.	PERARD (L.), professeur ordinaire.	. . . .	Mercredi, vendredi, 8 à 9 1/2 h.
Physique expérimentale	DE HEEN (P.), ingénieur, chargé de cours.	Mardi, jeudi, samedi, 11 à 12 1/2 h.	Mardi, jeudi, samedi, 11 à 12 1/2 h.
Chimie générale	SPRING (W.), professeur ordinaire.	Lundi, merc., vend., 11 à 12 1/2 h.	Lundi, merc., vend., 11 à 12 1/2 h.
Géométrie descriptive pure et appliquée.	SCHORN (A.), prof. à l'éc. des mines.	Mardi, jeudi, 8 1/2 à 10 h.	Lundi, vendredi, 9 1/2 à 11 h.

...IGNATION DES COURS.	NOMS des PROFESSEURS.	JOURS ET HEURES.	
		PREMIER SEMESTRE.	SECOND SEMESTRE.

ENSEIGNEMENT PRATIQUE.

DÉSIGNATION DES COURS.	NOMS des PROFESSEURS.	PREMIER SEMESTRE.	SECOND SEMESTRE.
…es de physique	De Heen (P.), ingénieur, chargé de cours.	Mardi, jeudi, samedi, 2 1/2 à 5 h.	Mardi, jeudi, samedi, 2 1/2 à 5 h.
…lations chimiques	Direction: Spring (W.), prof. ord. Ch. de tr.: Krutwig (J.), répétit.	Mardi, jeudi, samedi, 3 à 6 h.	Mardi, jeudi, samedi, 3 à 6 h.
…x graphiques et géométrie des-…ve	Dir.: Schorn (A.), prof. à l'école des mines. Ch. de trav.: De Locht (L.), chargé de cours.	Vendredi, samedi, 8 à 11 h.	Mardi, jeudi, samedi, 8 à 10 1/2 h.

INTERROGATIONS.

DÉSIGNATION DES COURS.	NOMS des PROFESSEURS.	PREMIER SEMESTRE.	SECOND SEMESTRE.
…ts d'analyse	Banneux (P.), répétiteur.	Lundi, mercredi, 9 1/2 à 11 h.; mardi, 3 à 6 h.	Mardi, jeudi, samedi, 3 à 6 h.
…que élémentaire	Lafleur (Th.), id.		Lundi, vendredi, 3 à 6 h.; mercredi, 4 à 6 h.
…e expérimentale	Duguet (G.), id.	Lundi, mercredi, vend., 3 à 6 h.	Lundi, mercredi, vend., 3 à 6 h.
…générale	Francken (V.), id.	Lundi, mercredi, vend., 3 à 6 h.	Lundi, vendredi, 3 à 6 h.; mercredi, 4 à 6 h.
…rie descriptive pure et appliquée.	De Locht (L.), id.	Mardi, jeudi, 10 à 11 h.	Lundi, 8 à 9 1/2 h.

Section des Mécaniciens.

DIVISION DES ÉLÈVES BELGES.

1re ANNÉE.

ENSEIGNEMENT THÉORIQUE.

DÉSIGNATION DES COURS.	NOMS des PROFESSEURS. (MM.)	PREMIER SEMESTRE.	SECOND SEMESTRE.
…e (1re partie)	Neuberg (J.), professeur ordinaire.	Lundi, mercredi, 8 1/2 à 10 h.; vendredi, 11 à 12 1/2 heures.	Lundi, mercredi, 8 à 9 1/2 heures.
…rie analytique	Graindorge (J.), profess. ordinaire.	Mardi, samedi, 2 1/2 à 4 h., vendredi, 8 à 9 1/2 h.	
…rie projective	Neuberg (J.), professeur ordinaire.	Vendr.. sam., 9 1/2 à 11 h. (en févr.)	Vendredi, samedi, 8 à 9 1/2 h.
…rie descriptive	Schorn (A.), pr. à l'école des mines.	Vendredi, 9 1/2 à 11 h.; samedi, 9 à 10 1/2 h. (février exclusivement).	
…que analytique (1re partie)	Graindorge (J.), profess. ordinaire.		Mardi, jeudi, samedi, 9 1/2 à 11 h.
…ie	De Heen (P.), ing., chargé de cours.	Mardi, jeudi, samedi, 11 à 12 1/2 h.	Mardi, jeudi, samedi, 11 à 12 1/2 h.

ENSEIGNEMENT PRATIQUE.

DÉSIGNATION DES COURS.	NOMS des PROFESSEURS.	PREMIER SEMESTRE.	SECOND SEMESTRE.
…ux graphiques de géomét. projective.	Direct.: Neuberg (J.), prof. ordin. Ch. de trav.: De Locht (L.), chargé de cours.		Lundi, vendredi, 9 1/2 à 12 1/2 h.
…ux graphiques de géom. descriptive.	Direction: Schorn (A.), professeur à l'École des mines. Ch. de trav.: De Locht (L.), chargé de cours.	Lundi, mercredi, 10 à 12 1/2 h.; mardi, 8 à 11 heures.	Mercredi, 9 1/2 à 12 1/2 heures.
…ices de physique	Ch. de trav.: De Heen (P.), ingénieur, chargé de cours.	Lundi, mercr., vendr., 3 à 6 h.	Lundi, mercr., vendr., 3 à 6 h.

INTERROGATIONS.

DÉSIGNATION DES COURS.	NOMS des PROFESSEURS.	PREMIER SEMESTRE.	SECOND SEMESTRE.
…rse.	Ubaghs (P.), répétiteur.	Lundi, mercredi, vendr., 3 à 6 h.	Lundi, mercredi, vendr., 3 à 6 h.
…étrie analytique	(Idem.)	Mardi, jeudi, samedi, 4 à 6 h.	
…étrie projective.	De Locht (L.), chargé de cours.		Lundi, merc., vendr., 9 1/2 à 12 1/2 h.
…étrie descriptive	(Idem,)	Lundi, mercredi, 10 à 12 1/2 h.; mardi, 8 1/2 à 11 heures.	
…nique analytique	Banneux (P.), chargé de cours.		Mardi, jeudi, samedi, 3 à 6 heures.
…que	Duguet (G.), chargé de cours.	Mardi, jeudi, samedi, 4 à 6 heures.	Mardi, jeudi, samedi, 3 à 6 heures.

2e ANNÉE.

ENSEIGNEMENT THÉORIQUE.

DÉSIGNATION DES COURS.	NOMS des PROFESSEURS. (MM.)	PREMIER SEMESTRE.	SECOND SEMESTRE.
…se (2e partie)	Neuberg (J.), professeur ordinaire.	Vendredi, samedi, 8 à 9 1/2 h.	
…étrie descriptive appliquée	Schorn (A.), pr. à l'école des mines.	Lundi, mercredi, 9 1/2 à 11 h.	Mercredi, samedi, 8 à 9 1/2 h.
…que graphique	Ronkar (E.), chargé de cours.		Jeudi, samedi, 9 1/2 à 11 h.
…ique analytique (2e partie)	Graindorge (J.), professeur ordin.	Mardi, jeudi, samedi, 9 1/2 à 11 h.	Lundi, mercr., vendr., 9 1/2 à 11 h.
…ie générale	Spring (W.), professeur ordinaire.	Lundi, merc., vend., 11 à 12 1/2 h.	Lundi, mercr., vendr., 11 à 12 1/2 h.
…rie des mécanismes	Holzer (H.), pr. à l'école des mines.		Mercr., 4 à 6 h.; samedi, 2 1/2 à 4 h.
…nologie mécanique	(Idem.)		Lundi, vendredi, 2 1/2 à 4 h.

ENSEIGNEMENT PRATIQUE.

DÉSIGNATION DES COURS.	NOMS des PROFESSEURS.	PREMIER SEMESTRE.	SECOND SEMESTRE.
…et dessin des machines	Direct.: Lafleur (Th.), répétiteur.		Mardi, 8 à 11 h.; jeudi, 8 à 9 1/2 h.
…pulations chimiques	Direct.: Spring (W.), prof. ordin. Ch. de trav.: Krutwig (J.), répétit.	Mardi, jeudi, samedi, 3 à 6 h.	Mardi, jeudi, 2 1/2 à 6 h.; sam., 4 à 6 h.
…ux graphiques de géométrie descrip-… appliquée	Direction: Schorn (A.), professeur à l'école des mines. Ch. de trav.: De Locht (L.), chargé de cours.	Mardi, jeudi, samedi, 11 à 12 1/2 h.	Mardi, jeudi, 11 à 12 1/2 h.
…ux graphiques de statique graphique.	Direct.: Ronkar (E.), chargé de cours.		Samedi, 11 à 12 1/2 h.

DÉSIGNATION DES COURS.	NOMS des PROFESSEURS.	JOURS ET HEURES. — PREMIER SEMESTRE.	SECOND SEMESTRE.

INTERROGATIONS.

DÉSIGNATION DES COURS.	NOMS des PROFESSEURS.	PREMIER SEMESTRE.	SECOND SEMESTRE.
Analyse.	Ubaghs (P.), répétiteur.	Mardi, jeudi, 6 à 7 h.	Mardi, jeudi, 11 à 12 1/2 h.
Géométrie descriptive appliquée	De Locht (L.), chargé de cours.	Mardi, jeudi, samedi, 11 à 12 1/2 h.	Mardi, jeudi, 2 1/2 à 6 h.; samedi, 4 à 6 h.
Mécanique analytique	Banneux (P.), chargé de cours.	Mardi, jeudi, samedi, 3 à 6 h.	
Chimie générale	Francken (V.), chargé de cours.	Lundi, mercredi, 8 à 9 1/2 h.	Lundi, vendredi, 8 à 9 1/2 h.

Section des Électriciens.

Les élèves peuvent choisir, pour l'enseignement préparatoire, entre les deux années de la section des Mines et celles de la section des Mécaniciens.

ENSEIGNEMENT D'APPLICATION.

Section des Mines et section des Arts et Manufactures.

1re ANNÉE.

ENSEIGNEMENT THÉORIQUE.

DÉSIGNATION DES COURS.	NOMS des PROFESSEURS. (MM.)	PREMIER SEMESTRE.	SECOND SEMESTRE.
Mécanique appliquée	Dwelshauvers (V.), prof. ordinaire.	Lundi, mercredi, 8 à 9 1/2 h.	Lundi, mardi, merc., jeudi, 8 à 9 1/2 h.
	(Idem.)	Vendredi, 8 à 9 1/2 h.	Vendredi, samedi, 8 à 9 1/2 h.
Physique industrielle	Holzer (H.), prof. à l'École des mines.	Mardi, jeudi, samedi, 11 à 12 1/2 h.	Mardi, jeudi, samedi, 11 à 12 1/2 h.
Description des machines	De Koninck (L.), prof. ordinaire.	Mardi, jeudi, samedi, 9 1/2 à 11 h.	Mardi, jeudi, samedi, 9 1/2 à 11 h.
Docimasie	Dewalque (G.), prof. ordinaire.	Mardi, jeudi, samedi, 8 à 9 1/2 h.	
Minéralogie.			
Allemand (2e cours pr la sect. des mines).	Muth (F.), maître de langues.	Lundi, 6 à 7 h.	Lundi, 6 à 7 h.
Anglais (2e cours pr la section des mines).	***	Vendredi, 6 à 7 h.	Vendredi, 6 à 7 h.

ENSEIGNEMENT PRATIQUE.

DÉSIGNATION DES COURS.	NOMS des PROFESSEURS.	PREMIER SEMESTRE.	SECOND SEMESTRE.
Travaux docimastiques	Direction : De Koninck (L.), prof. ordinaire. — Ch. de tr.: Lecrenier (Ad.), assist.	Lundi, mercredi, vendredi, 9 1/2 à 12 1/2 h., et 2 1/2 à 6 h.	Lundi, mercredi, vendredi, 9 1/2 à 12 1/2, et 2 1/2 à 6 h.
Travaux graphiques	Direction : Holzer (H.), professeur à l'École des mines.	Lundi, merc., vendr., 9 1/2 à 12 1/2 h.	Lundi, mercr., vend., 9 1/2 à 12 1/2 [h.]
Exercices et répétitions de minéralogie	Direction : Dewalque (G.), professeur ordinaire. — Ch. de tr.: Forir (H.), répétiteur.	Mardi, jeudi, 3 à 6 h.	Mardi, jeudi, samedi, 2 1/2 à 6 h.

INTERROGATIONS.

DÉSIGNATION DES COURS.	NOMS des PROFESSEURS.	PREMIER SEMESTRE.	SECOND SEMESTRE.
Mécanique appliquée.	Hubert (A.), répétiteur.	Jeudi, samedi, 3 à 6 h.	Mardi, jeudi, samedi, 3 à 6 h.
Physique industrielle.	(Idem.)	Jeudi, samedi, 3 à 6 h.	Mardi, jeudi, samedi, 3 à 6 h.
Docimasie.	Krutwig (J.), répétiteur.	Lundi, merc., vendr., 9 1/2 à 12 1/2 h.	Lundi, merc., vend., 9 1/2 à 12 1/2 [h.]
Minéralogie.	Forir (H.), répétiteur.	Samedi, 3 à 6 h.	

2e ANNÉE.

ENSEIGNEMENT THÉORIQUE.

DÉSIGNATION DES COURS.	NOMS des PROFESSEURS.	PREMIER SEMESTRE.	SECOND SEMESTRE.
Géologie.	Dewalque (G.), prof. ordinaire.	Lundi, merc., vend., 9 1/2 à 11 h.	
Exploitation des mines.	Habets (A.), prof. ordinaire.	Lundi, merc., vend., 11 à 12 1/2 h.	Mardi, jeudi, 9 1/2 à 11 h.; jeudi, vendredi, samedi, 8 à 9 1/2 h.
Métallurgie (1re partie).	Gillon (A.), prof. ordinaire.	Mardi, jeudi, samedi, 8 à 9 1/2 h.	Lundi, merc., vend., 11 à 12 1/2 [h.]
Chimie industrielle.	Goret (L.), prof. à l'école des mines.	Mardi, jeudi, samedi, 11 à 12 1/2 h.	Mardi, jeudi, samedi, 11 à 12 1/2 [h.]
Architecture industrielle (1re partie).	Dechamps (H.), prof. extraordin.		Lundi, samedi, 9 1/2 à 11 h.; mercredi, 2 1/2 à 4 h.
Applications de l'électricité.	Gerard (E.), chargé de cours.		Lundi, vendredi, 2 1/2 à 4 h.

COURS FACULTATIF.

DÉSIGNATION DES COURS.	NOMS des PROFESSEURS.	PREMIER SEMESTRE.	SECOND SEMESTRE.
Construction des machines	Dechamps (H.), prof. extraord.	Mardi, jeudi, samedi, 2 1/2 à 4 h.	Mardi, jeudi, 2 1/2 à 4 h.; samedi, 4 à 5 1/2 h.
Essais de produits industriels	Francken (V.), chargé de cours.	Jeudi, 3 à 4 1/2 h.	

ENSEIGNEMENT PRATIQUE.

DÉSIGNATION DES COURS.	NOMS des PROFESSEURS.	PREMIER SEMESTRE.	SECOND SEMESTRE.
Travaux graphiques.	Direct.: Dechamps (H.), prof. extr.	Lundi, mercr., vend., 8 à 9 1/2 h.; mardi, jeudi, sam., 9 1/2 à 11 h.	Lundi, mardi, 8 à 9 1/2 h.; mercredi, 8 à 11 h.; vend., 9 1/2 à 11 h.
Essais de produits industriels (facultatif).	Direct.: Francken (V.), ch. de cours.	Mardi, jeudi, 5 à 7 h.	Mardi, jeudi, samedi, 5 à 7 h.
Excursions diverses	Direction : Les professeurs.	Jours et h[eure]s à fixer selon l'occurr[ence].	Jours et h[eure]s à fixer selon l'occurr[ence]

INTERROGATIONS.

DÉSIGNATION DES COURS.	NOMS des PROFESSEURS.	PREMIER SEMESTRE.	SECOND SEMESTRE.
Géologie.	Forir (H.), répétiteur.	Mercredi, 3 à 5 h.	Lundi, mercr., vendr., 4 à 6 h.
Exploitation des mines.	Trasenster (P.), chargé de cours.	Mardi, vendredi, 3 à 5 h.	Mardi, jeudi, samedi, 2 1/2 à 5 h.
Métallurgie.	(Idem.)	Lundi, samedi, 3 à 6 h.	Lundi, mercredi, vendredi, 4 à 6 [h.]
Chimie industrielle.	Krutwig (J.), répétiteur.	Mercredi, 5 à 7 h.; vendr., 5 à 6 h.	Lundi, mercredi, vendredi, 6 à 7 [h.]
Architecture industrielle.	Demonceau (L.), répétiteur.		Mardi, jeudi, samedi, 2 1/2 à 5 h.

3e ANNÉE.

ENSEIGNEMENT THÉORIQUE.

DÉSIGNATION DES COURS.	NOMS des PROFESSEURS.	PREMIER SEMESTRE.	SECOND SEMESTRE.
Exploitation des mines (2e partie).	Habets (A.), prof. ordinaire.		Jeudi, vend., samedi, 8 à 9 1/2 h.
Topographie	Duguet (G.), chargé de cours.	Jeudi, samedi, 11 à 12 1/2 h.	
Métallurgie (2e partie).	Gillon (A.), prof. ordinaire.	Lundi, mercredi, vendr., 8 à 9 1/2 h.	
Exploitation des chemins de fer.	Stévart (A.), chargé de cours.	Mercredi, vendredi, 4 1/2 à 6 h.	
Architecture industrielle (2e partie)	Dechamps (H.), prof. extraordin.	Lundi, mercr., vend., 11 à 12 1/2 h.	Lundi, mardi, 8 à 9 1/2 h.
Législation minière et industrielle	Van Scherpenzeel Thim (J.), chargé de cours.		Lundi, 11 à 12 1/2 h.
Économie industrielle	De Laveleye (E.), prof. ordinaire.	Mercredi, 3 à 4 1/2 h.	
Géographie industrielle.	Trasenster (P.), chargé de cours.	Vendredi, 9 1/2 à 11 h.	Mardi, 11 à 12 1/2 h.
Allemand (2e cours).	Muth (F.), maître de langues.	Lundi, 6 à 7 h.	Lundi, 6 à 7 h.
Anglais (2e cours).	***	Vendredi, 6 à 7 h.	Vendredi, 6 à 7 h.

DÉSIGNATION DES COURS.	NOMS des PROFESSEURS.	JOURS ET HEURES. PREMIER SEMESTRE.	SECOND SEMESTRE.
ENSEIGNEMENT PRATIQUE.			
…vaux graphiques	Dir.: DECHAMPS (H.), prof. extraord.	Lundi, merc., 9 1/2 à 11 h.; jeudi, samedi, 8 1/2 à 11 h.	Mardi, 9 1/2 à 11 h.; jeudi, vend., samedi, 9 1/2 à 12 1/2 h.
…v. au laboratoire de recherches chim.	Dir.: SPRING (W.), prof. ordinaire. Ch. de tr.: FRANCKEN (V.), ch. de c.	Le labor. est ouvert tous les jours.	Le labor. est ouvert tous les jours.
…rcices topographiques	Direct.: DUGUET (G.), ch. de cours.	. . .	Jeudi, samedi, 9 1/2 à 12 1/2 h.; samedi, 3 à 6 h.
…rsions diverses	Direction: Les professeurs.	Mardi.	Mercredi.
INTERROGATIONS.			
…loitations des mines.	TRASENSTER (P.), chargé de cours.	Jeudi, samedi, 4 à 7 h.	Lundi, jeudi, vendredi, 3 à 5 h.
…allurgie.	(Idem.)	Jeudi, samedi, 4 à 7 h.	. . .
…hitecture industrielle	DEMONCEAU (L.), répétiteur.	Lundi, 3 à 6 h.; jeudi, sam., 3 à 4 h.	. . .

Section des Mécaniciens.

DIVISION DES ÉLÈVES BELGES.

1re ANNÉE.

DÉSIGNATION DES COURS.	NOMS des PROFESSEURS.	PREMIER SEMESTRE.	SECOND SEMESTRE.
ENSEIGNEMENT THÉORIQUE.	MM.		
…anique appliquée.	DWELSHAUVERS (V.), prof. ord.	Lundi, mercredi, 8 à 9 1/2 h.	Lundi, mardi, mercredi, jeudi, 8 à 9 1/2 h.
…sique industrielle	(Idem.)	Vendredi, 8 à 9 1/2 h.	Vendredi, samedi, 8 à 9 1/2 h.
…allurgie	GILLON (A.), professeur ordinaire.	Mardi, jeudi, samedi, 8 à 9 1/2 h.	Lundi, merc., vend., 11 à 12 1/2 h.
…hitecture industrielle (1re partie).	DECHAMPS (H.), prof. extraord.	. . .	Lundi, samedi, 9 1/2 à 11 h.; merc., 2 1/2 à 4 h.
…plications de l'électricité	GÉRARD E.), chargé de cours.	Vendredi, 3 à 4 1/2 h.	Lundi, vendredi, 2 1/2 à 4 h.
…cription des machines.	HOLZER (H.), prof. à l'Ec. des mines.	Mardi, jeudi, samedi, 11 à 12 1/2 h.	Mardi, jeudi, samedi, 11 à 12 1/2 h.
…struction des machines	DECHAMPS (H.), prof. extraord.	Mardi, jeudi, samedi, 2 1/2 à 4 h.	Mardi, jeudi, 2 1/2 à 4 h.; samedi, 4 à 5 1/2 h.
ENSEIGNEMENT PRATIQUE.			
…lier	Direc.: LAFLEUR (Th.), répétit.	Lundi, 3 à 6 h.	Lundi, merc., vend., 4 à 6 h.
…vaux graphiques	Direc.: HOLZER (H.), professeur à l'Ecole des mines.	Lundi, merc., vend., 9 1/2 à 12 1/2 h.; jeudi, samedi, 9 1/2 à 11 h.	Mardi, jeudi, vend., 9 1/2 à 11 h.
…rcices de construction des machines.	Direc.: DECHAMPS (H.), professeur extraordinaire.	Mardi, 9 1/2 à 11 h.	. . .
…rcices de mécanique appliquée	Direc.: DWELSHAUVERS (V.), prof. ordinaire. Ch. de tr.: N.	Mercredi, 3 à 6 h.	Une après-midi par semaine.
INTERROGATIONS.			
…anique appliquée	HUBERT (H.), répétiteur.	Mardi, jeudi, 4 à 6 h.	Mardi, jeudi, 4 à 6 h.
…sique industrielle	(Idem.)	Mardi, jeudi, 4 à 6 h.	Mardi, jeudi, 4 à 6 h.
…allurgie.	TRASENSTER (P.), chargé de cours.	Samedi, 4 à 6 h.	. . .
…hitecture industrielle.	DEMONCEAU (L.), répétiteur.	. . .	Jeudi, 4 à 6 h.
…struction des machines	DECHAMPS (H.), prof. extraord.	. . .	Samedi, 2 1/2 à 4 h.

2me ANNÉE.

DÉSIGNATION DES COURS.	NOMS des PROFESSEURS.	PREMIER SEMESTRE.	SECOND SEMESTRE.
ENSEIGNEMENT THÉORIQUE.	MM.		
…loitation des chemins de fer	STÉVART (A.), chargé de cours.	Mercredi, vendredi, 4 1/2 à 6 h.	Lundi, mardi, 8 à 9 1/2 h.
…ographie.	DUGUET (G.), chargé de cours.	Jeudi, samedi, 11 à 12 1/2 h.	. . .
…itecture industrielle (2me partie)	DECHAMPS (H.), prof. extraord.	Lundi, merc., vend., 11 à 12 1/2 h.	. . .
…struction des machines	(Idem.)	Mardi, jeudi, samedi, 2 1/2 à 4 h.	Mardi, jeudi, 2 1/2 à 4 h.; samedi, 4 à 5 1/2 h.
…nomie industrielle	DE LAVELEYE (E.), prof. ordinaire.	Mercredi, 3 à 4 1/2 h.	. . .
…slation industrielle.	VAN SCHERPENZEEL-THIM (J.), ch. de cours.		Lundi, 11 à 12 1/2 h.
ENSEIGNEMENT PRATIQUE.			
…n et projets de machines	Direction: DECHAMPS (H.), professeur extraordinaire.	Tous les jours, 8 à 11 h.	Mardi, 9 1/2 à 12 1/2 h.; jeudi, vendredi, 8 à 12 h.
…er	Direction: LAFLEUR (Th.), répétit.	Lundi, 3 à 6 h.; vend., 2 1/2 à 4 h.	Mercredi, 8 à 12 1/2 h.; mercredi, vendredi, 3 à 6 h.
…cices topographiques.	Direction: DUGUET (G.), chargé de cours.		Jeudi, samedi, 8 à 12 h.
…rsions diverses.	Direction: Les professeurs.	Jours et heures selon l'occurrence.	Jours et heures selon l'occurrence.
INTERROGATIONS.			
…oitation des chemins de fer	STÉVART (A.), chargé de cours.	. . .	Mardi, jeudi, 4 à 6 h.
…itecture industrielle	DEMONCEAU (L.), répétiteur.	Mardi, jeudi, samedi, 4 à 6 h.	. . .
…ruction des machines	DECHAMPS (H.), profess. extraord.	. . .	Mardi, jeudi, 4 à 6 h.

DÉSIGNATION DES COURS.

DÉSIGNATION DES COURS.	NOMS des PROFESSEURS.	JOURS ET HEURES.	
		PREMIER SEMESTRE.	SECOND SEMESTRE.

Division des élèves étrangers.

2ᵉ ANNÉE.

ENSEIGNEMENT THÉORIQUE.

DÉSIGNATION DES COURS.	NOMS des PROFESSEURS.	PREMIER SEMESTRE.	SECOND SEMESTRE.
Exploitation des chemins de fer.	Stévart (A.), chargé de cours.	Mercredi, vendredi, 4 1/2 à 6 h.	Lundi, mardi, 8 à 9 1/2 h.
Topographie	Duguet (G.), chargé de cours.	Jeudi, samedi, 11 à 12 1/2 h.	. . . .
Architecture industrielle (2ᵉ partie).	Dechamps (H.), profess. extraord.	Lundi, merc., vend., 11 à 12 1/2 h.	Mardi, jeudi, 2 1/2 à 4 h. ; samedi, 4 à 5 1/2 h.
Construction des machines.	(Idem.)	Mardi, jeudi, samedi, 2 1/2 à 4 h.	
Economie industrielle.	De Laveleye (E.), prof. ordinaire.	Mercredi, 3 à 4 1/2 h.	Lundi, 11 à 12 1/2 h.
Législation industrielle.	Van Scherpenzeel-Thim (J.), chargé de cours.	. . . .	. . . .

ENSEIGNEMENT PRATIQUE.

DÉSIGNATION DES COURS.	NOMS des PROFESSEURS.	PREMIER SEMESTRE.	SECOND SEMESTRE.
Projets de machines	Direct.: Dechamps (H.), prof. extr.	Mardi, jeudi, samedi, 8 à 11 h.	Mardi, 9 1/2 à 12 1/2 h. ; jeudi, samedi, 8 à 12 1/2 h.
Travaux graphiques	Direct.: Holzer (H.), professeur à l'Ecole des mines.	Lundi, mercr., vendr., 8 à 11 h.	Lundi, 9 1/2 à 11 h. ; mercredi, vendredi, 8 à 12 1/2 h.
Atelier, lever et croquis de machines.	Direct.: Lafleur (Th.), répétiteur.	Lundi, 3 à 6 h. ; vendr., 3 à 4 1/2 h.	Lundi, mercredi, vendredi, 2 1/2 à 6 h.
Exercices topographiques.	Direct.: Duguet (G.), ch. de cours.	. . . .	Vendredi, 8 à 12 1/2 h.

INTERROGATIONS.

DÉSIGNATION DES COURS.	NOMS des PROFESSEURS.	PREMIER SEMESTRE.	SECOND SEMESTRE.
Exploitation des chemins de fer.	Stévart (A.), chargé de cours.		Mardi, jeudi, 4 à 6 h.
Architecture industrielle.	Demonceau (L.), répétiteur.	Mardi, jeudi, samedi, 4 1/2 à 7 h.	Mardi, jeudi, 4 à 6 h.
Construction des machines.	Dechamps (H.), prof. extraordin.		

Ingénieurs des Mines.

ANNÉE D'ÉTUDES COMPLÉMENTAIRES.

ENSEIGNEMENT THÉORIQUE.

DÉSIGNATION DES COURS.	NOMS des PROFESSEURS.	PREMIER SEMESTRE.	SECOND SEMESTRE.
Construction des machines	MM. Dechamps (H.), prof. extraord.	Mardi, jeudi, samedi, 2 1/2 à 4 h.	Mardi, jeudi, 2 1/2 à 4 h. ; samedi, 4 à 5 1/2 h.
Technologie mécanique	Holzer (H.), prof. à l'Ecole des mines.	. . . .	Lundi, vendredi, 2 1/2 à 4 h.
Théorie des mécanismes	(Idem.)	. . . .	Mercredi, samedi, 2 1/2 à 4 h.

ENSEIGNEMENT PRATIQUE.

DÉSIGNATION DES COURS.	NOMS des PROFESSEURS.	PREMIER SEMESTRE.	SECOND SEMESTRE.
Travaux graphiques, projets de machines.	Dir.: Dechamps (H.), prof. extr.	Lundi, merc., vend., 8 à 12 1/2 h.	Lundi, merc., vend., 8 à 12 1/2 h.
Exercices de construction de machines.	(Idem.)	Samedi, 8 à 12 h.	Mardi, jeudi, 4 à 6 h.
Atelier, lever et croquis de machines.	Direct.: Lafleur (Th.), répétiteur.	Mardi, jeudi, 8 à 12 h. ; lundi, mercredi, vendredi, 2 1/2 à 6 h.	Mardi, jeudi, samedi, 8 à 12 h. ; lundi, mercredi, vend., 4 à 6 h.

INTERROGATIONS.

DÉSIGNATION DES COURS.	NOMS des PROFESSEURS.	PREMIER SEMESTRE.	SECOND SEMESTRE.
Construction des machines	Dechamps (H.), prof. extraord.	Samedi, 8 à 12 h.	Mardi, jeudi, 4 à 6 h.

Section des Électriciens.

1ʳᵉ ANNÉE.

ENSEIGNEMENT THÉORIQUE.

DÉSIGNATION DES COURS.	NOMS des PROFESSEURS.	PREMIER SEMESTRE.	SECOND SEMESTRE.
Théorie de l'électricité	MM. Gerard (E.), chargé de cours.	Mardi, jeudi, samedi, 8 à 9 1/2 h.	. . . .
Electro-technique (1ʳᵉ partie)	(Idem.)	Mardi, jeudi, sam., 10 à 11 h.	Mardi, jeudi, 10 à 11 h.; sam., 3 à 4 1/2
Mécanique appliquée	Dwelshauvers (V.), prof. ord.	Lundi, mercredi, 8 à 9 1/2 h.	Lundi, mardi, merc., jeudi, 8 à 9 1/2
Physique industrielle (thermo-dynamique et applications)	(Idem.)	Vendredi, 8 à 9 1/2 h.	Vendredi, samedi, 8 à 9 1/2 h.
Architecture industrielle (1ʳᵉ partie).	Dechamps (H.), prof. extraord.	. . . .	Lundi, samedi, 9 1/2 à 11 h. ; mercredi, 2 1/2 à 4 h.
Description des machines	Holzer (H.), professeur à l'Ecole des mines.	Mardi, jeudi, samedi, 11 à 12 1/2 h.	Mardi, jeudi, sam., 11 à 12 1/2 h.

ENSEIGNEMENT PRATIQUE.

DÉSIGNATION DES COURS.	NOMS des PROFESSEURS.	PREMIER SEMESTRE.	SECOND SEMESTRE.
Travail au laboratoire d'électricité	Dir.: Gerard (E.), chargé de cours. Ch. de travaux :	Lundi, mercredi, vendredi, 9 1/2 à 12 1/2 h. et 3 à 6 h.	Mercredi, vendredi, 9 1/2 à 12 1/2 h.; jeudi, vendredi, 3 à 6 h.; samedi, 3 à 4 1/2 h.
Travaux graphiques.	Direction : Holzer (H.), professeur à l'Ecole des mines.	Mardi, jeudi, samedi, 9 1/2 à 11 h.	Lundi, 11 à 12 1/2 h.; mardi, jeudi, 9 1/2 à 11 h.

INTERROGATIONS.

DÉSIGNATION DES COURS.	NOMS des PROFESSEURS.	PREMIER SEMESTRE.	SECOND SEMESTRE.
Théorie de l'électricité.	Gerard (E.), chargé de cours.	Mardi, samedi, 3 à 6 h.	. . . .
Mécanique appliquée	Hubert (H.), répétiteur.	Jeudi, 3 à 6 h.	Mardi, 3 à 6 h.
Physique industrielle	(Idem.)	Jeudi, 3 à 6 h.	Mardi, 3 à 6 h.
Architecture industrielle	Demonceau (L.), répétiteur.	. . . .	Samedi, 4 à 6 h.
Electro-technique	Gerard (E.), chargé de cours.	. . . .	Lundi, 4 à 6 h.

2ᵉ ANNÉE.

ENSEIGNEMENT THÉORIQUE.

DÉSIGNATION DES COURS.	NOMS des PROFESSEURS.	PREMIER SEMESTRE.	SECOND SEMESTRE.
Electro-technique (2ᵉ et 3ᵉ parties).	MM. Gerard (E.), chargé de cours.	Mardi, jeudi, sam., 11 1/2 à 12 1/2 h.	Mardi, jeudi, samedi, 11 1/2 à 12 1/2 h.
Métallurgie.	Gillon (A.), professeur ordinaire.	Tous les jours, 8 à 9 1/2 h.	Lundi, mercr., vend., 11 à 12 1/2 h.
Exploitation des chemins de fer.	Stévart (A.), chargé de cours.	Jeudi, samedi, 4 1/2 à 6 h.	Lundi, mardi, 8 à 9 1/2 h.
Architecture industrielle (2ᵉ partie)	Dechamps (H.), prof. extraord.	Lundi, mercr., vend., 11 à 12 1/2 h.	. . . .

...NATION DES COURS.	NOMS des PROFESSEURS.	JOURS ET HEURES.	
		PREMIER SEMESTRE.	SECOND SEMESTRE.
	ENSEIGNEMENT PRATIQUE.		
...à laboratoire d'électricité. . .	Dir.: Gerard (E.), chargé de cours. Ch. de trav.:	Lundi, mardi, mercredi, vendredi, 3 à 6 h.	Jeudi, 8 à 11 h.; samedi, 8 à 9 1/2 h. et 3 à 7 h.; lundi, vendredi, 3 à 6 h.; mardi, mercredi, 3 à 7 h.
...graphiques.	Dir.: Dechamps (H.), professeur extraordinaire.	Tous les jours, 9 1/2 à 11 h.	Mardi, 9 1/2 à 11 h.; mercredi, vendredi, 8 à 11 h.
	INTERROGATIONS.		
...rie.	Trasenster (P.), répétiteur.	. . . .	. . . .
...tion des chemins de fer. . . .	Stévart (A.), chargé de cours.	. . . .	. . . .
...ture industrielle	Demonceau (L.), répétiteur.	. . . .	. . . .
...echnique	Gerard (E.), chargé de cours.	. . . .	. . . .

INGÉNIEURS DES MINES, INGÉNIEURS DES ARTS ET MANUFACTURES, INGÉNIEURS-MÉCANICIENS.

ANNÉE D'ÉTUDES COMPLÉMENTAIRES.

ENSEIGNEMENT THÉORIQUE.

Désignation des cours	Noms des professeurs	Premier semestre	Second semestre
	MM.	Mardi, jeudi, samedi, 8 à 9 1/2 h.	Mar., jeudi, sam., 8 à 9 1/2 h. et 3 à 4 h.
...e de l'électricité.	Gerard (E.), chargé de cours.	Mardi, jeudi, samedi, 11 à 12 1/2 h.	
...-technique	(Idem).		
	ENSEIGNEMENT PRATIQUE.		
...l au laboratoire d'électricité. . . (Projets et rapports).	Dir.: Gerard (E.), chargé de cours. Ch. de trav.:	Lundi, mercr., vend., 8 à 12 1/2 h.	Tous les jours, 9 1/2 à 12 1/2 h.
	INTERROGATIONS.		
...ie de l'électricité.	Gerard (E.), chargé de cours.	. . . .	. . . .
...o-technique	(Idem.)		

COURS FACULTATIFS POUR TOUTES LES SECTIONS DES INGÉNIEURS CIVILS.

Désignation des cours	Noms des professeurs	Premier semestre	Second semestre
...nand (1er cours).	Muth (F.), maître de langues. ***	Mercredi, 6 à 7 h. Samedi, 6 à 7 h.	Mercredi, 6 à 7 h. Samedi, 6 à 7 h.
...ais (1er cours)			Lundi, 6 à 7 h.
...nand (2e cours)	Muth (F.), maître de langues. ***	Lundi, 6 à 7 h. Vendredi, 6 à 7 h.	Vendredi, 6 à 7.
...ais (2e cours)			

FACULTÉ DE MÉDECINE.

(Doyen: M. Th. Plucker. — Secrétaire: M. P. Nuel.)

Candidature en médecine, en chirurgie et en accouchements.

PREMIÈRE ÉPREUVE.

Désignation des cours	Noms des professeurs	Premier semestre	Second semestre
	MM.		
...ATOMIE DESCRIPTIVE. } Ostéologie, syndesmologie, myologie.	Putzeys (F.), prof. ordinaire.	Mardi, mercredi, jeudi, vendredi, sam., 8 à 9 1/2 h., pendant les mois d'octobre, novembre et décembre.	. . . .
...tomie de texture générale. . . .	Swaen (A.), prof. ordinaire.	Mardi, mercredi, vendredi, 11 à 12 1/2 h., pendant les mois de janvier, février, mars et avril.	. . . .
...rmacognosie et éléments de pharmacie.	Van Aubel (J.), prof. ordinaire.	Mercredi, vendredi, 10 à 11 1/2 h.	. . . .

SECONDE ÉPREUVE

Désignation des cours	Noms des professeurs	Premier semestre	Second semestre
...ATOMIE DESCRIPTIVE. } Angéiologie, névrologie, splanchnologie, organes des sens et anatomie de texture spéciale	Swaen (A.), prof. ordinaire. Putzeys (F.), prof. ordinaire.	Mardi, mercredi, jeudi, vendredi, samedi, 8 à 9 1/2 h. (pendant les mois de janvier et février).	Mardi, mercredi, jeudi, vendredi, samedi, 8 à 9 1/2 h.
...tomie des régions	Swaen (A.), prof. ordinaire.	Jeudi, sam., 2 1/2 à 4 h. (pendant les mois de janvier et février).	. . . .
...siologie.	Fredericq (L.), prof. ordinaire.	Lundi, jeudi, samedi, 11 1/2 à 1 h.; mardi, 10 à 11 h.	Jeudi, samedi, 10 à 11 1/2 h.
...siologie des organes des sens . . .	Nuel (P.), prof. ordinaire.	. . . .	Mardi, 10 à 11 1/2 h.
...bryologie	Van Beneden (Ed.), prof. ordin.	Jeudi, sam., 10 à 11 1/2 h. (janv. et fév.)	. . . .
...tomie comparée.	Julin (Ch.), chargé de cours.	Lundi, 10 à 11 1/2 h.; mardi, 11 à 12 1/2 h.	. . . .
...rc. microscop. d'histologie normale .	Swaen (A.), prof. ordinaire.	. . . .	Les laborat. sont ouv. aux élèves toutes les après-midi, exc. le sam.
...rcices d'anatomie comparée. . . .	Van Beneden (Ed.), prof. ordinaire.	. . . .	
...rcices pratiques de physiologie. . .	Fredericq (L.), prof. ordinaire. Nuel (P.), prof. ordinaire.	Lundi, 3 à 6 h.	Lundi, 3 à 6 h.
...onstrations anatomiques	Swaen et Putzeys.	Les laboratoires sont ouverts aux élèves toutes les après-midi, excepté le samedi.	. . . .

PREMIER DOCTORAT.

PREMIÈRE ÉPREUVE.

Désignation des cours	Noms des professeurs	Premier semestre	Second semestre
...ologie générale.	Francotte (X.), chargé de cours.	. . . .	Mardi, 4 à 5 1/2 h.; jeudi, 3 1/2 à 5 h.
...tomie pathologique	Firket (Ch.), prof. extraordinaire.	Mardi, samedi, 3 1/2 à 4 1/2 h.	. . . .
...iène publique et privée	Putzeys (F.), prof. ordinaire.	Mercredi, vendredi, 12 à 1 h.	. . . .
...c. microsc. d'anatomie pathologique.	Firket (Ch.), prof. extraordinaire.	. . . .	Le laborat. sera ouv. aux élèves toutes les après-midi, exc. le sam.
...onstrations d'anatomie pathologique.	(Idem.)	Mardi, samedi, 2 1/2 à 3 1/2 heures.	L'après-midi suivant l'occurrence, sauf le samedi.
...rcices pratiques d'autopsies . . .	(Idem.)	Jours et heures suiv. l'occurrence.	Jours et heures suiv. l'occurrence.

DÉSIGNATION DES COURS.	NOMS des PROFESSEURS.	JOURS ET HEURES. PREMIER SEMESTRE.	SECOND SEMESTRE.
SECONDE ÉPREUVE.			
Pathologie et thérapeutique spéciales des maladies internes, y compris les maladies mentales	Vanlair (C.), prof. ordinaire.	Mardi, samedi, 11 1/2 à 1 h.	Mardi, samedi, 11 1/2 à 1 h.
Thérapeutique générale	Van Aubel (J.), prof. ordinaire.	. . . .	Mardi, samedi, 10 à 11 1/2 h.; jeudi, 11 à 12 h.
DEUXIÈME DOCTORAT.			
Pathologie chirurgicale. Spéciale, y compris les affections des os et des articulations	Plucker (Th.), prof. ordinaire.	Lundi, vendredi, 10 à 11 h.	Lundi, 10 à 11 h.; jeudi, 11 à 12 h.
Générale	Von Winiwarter (A.), prof. ordin.	Lundi, vendredi, 11 à 12 h.	Lundi, vendredi, 11 à 12 h.
Ophthalmologie	Nuel (P.), prof. ordinaire.	Mercredi, jeudi, 11 à 12 h.	. . . .
Théorie des accouchements.	Wasseige (A.), prof. ordinaire.	Lundi, mercredi, vendr., 2 1/2 à 4 h.	. . . .
Médecine légale	Van Aubel (J.), prof. ordinaire.	. . . .	Mercr., 11 à 12 h.; vend., 10 à 11 h.
TROISIÈME DOCTORAT.			
Clinique interne	Masius (V.), prof. ordinaire.	Lundi, mardi, mercredi, jeudi, vendredi, samedi, 7 1/2 à 9 h.	Lundi, mardi, mercredi, jeudi, vendredi, samedi, 7 1/2 à 9 h.
Policlinique interne.	Masius (V.), prof. ordinaire.	Trois fois par semaine.	Trois fois par semaine.
Clinique externe.	Von Winiwarter (A.), prof. ordin.	Mardi, jeudi, samedi, 9 à 11 h.	Mardi, jeudi, samedi, 9 à 11 h.
Policlinique externe	(Idem.)	Trois fois par semaine.	Trois fois par semaine.
Théorie et pratique des opérat. chirurgicles	(Idem.)	. . . .	Lundi, mercr., vendr., 12 à 1 h.
Clinique ophthalmologique	Nuel (P.), prof. ordinaire.	Lundi, vendredi, 9 à 10 h.	Lundi, vendredi, 9 à 10 h.
Opérations obstétricales	Wasseige (A.), prof. ordinaire.	Lundi, mercredi, vend., 2 à 3 h.	Lundi, merc., vend., 2 1/2 à 4 h.
Clinique obstétricale	(Idem.)	Jours et heures à fixer suivant l'occurrence.	Jours et heures à fixer suivant l'occurrence.
Clinique des maladies syphilitiques et cutanées.	Plucker (Th.), prof. ordinaire.	Mercredi, 9 à 11 h.	Mercredi, 9 à 11 h.
Clinique des maladies des enfants . .	Masius (V.), prof. ordinaire.	Jours et heures à fixer ultérieuremt.	Jours et heures à fixer ultérieuremt.
Clinique des maladies des vieillards . .	Vanlair (C.), prof. ordinaire.	. . . .	Jours et hres à fixer suiv. l'occurr.
Exercices pratiques d'anatomie topographique.	Swaen (A.), prof. ordinaire.	. . . .	Le laboratoire est ouvert 2 fois par semaine.
Exercices de clinique propédeutique . .	Masius (V.), prof. ordinaire.	Tous les jours.	. . . .
PHARMACIE.			
Pharmacie théorique : les drogues et les médicaments, en tant que marchandises; les altérations, les falsifications et les doses maxima	Gilkinet (A.), prof. ordinaire.	Mardi, jeudi, samedi, 8 à 9 1/2 h.	Mardi, jeudi, samedi, 8 à 9 1/2 h.
Éléments de chimie analytique . . .	De Koninck (L.), prof. ordinaire.	Mercredi et vendredi, 8 à 9 1/2 h.	. . . .
Exercices pratiques de chimie analytique.	(Idem.)	Mercredi, vendredi, 9 1/2 à 12 h.	. . . .
Chimie toxicologique	Chandelon (Th.), chargé de cours.	. . . .	Mardi, 2 à 3 1/2 h.
Exercices pratiques de chimie toxicologique	(Idem.)	. . . .	Mardi, 3 1/2 à 6 h.
Pharmacie pratique	Gilkinet (A.), prof. ordinaire.	Mardi, jeudi, samedi, 9 1/2 à 12 h.	Mardi, jeudi, samedi, 9 1/2 à 12 h.
Exercices microscopiques.	(Idem.)	. . . .	4 fois par semaine, l'après-midi.
COURS FACULTATIFS.			
Analyse organique et falsifications des denrées alimentaires	Jorissen (A.), agrégé spécial.	Lundi, 2 1/2 à 4 h.	Lundi, 2 1/2 à 4 h.
Bactériologie	Firket (Ch.), prof. extraordinaire.	Jeudi, 2 1/2 à 4 h.	Mardi, 2 1/2 à 4 h.

Arrêté par le Conseil académique, dans sa séance du 22 juin 1888.

Le Secrétaire,

Victor CHAUVIN.

Le Recteur,

A. WASSEIGE.

Vu et approuvé en conformité du 2e paragraphe de l'article 5 du titre 1er de la loi du 15 juillet 1849.

Le Ministre de l'intérieur et de l'instruction publique,

J. DE VOLDER.

TABLE DES MATIÈRES.

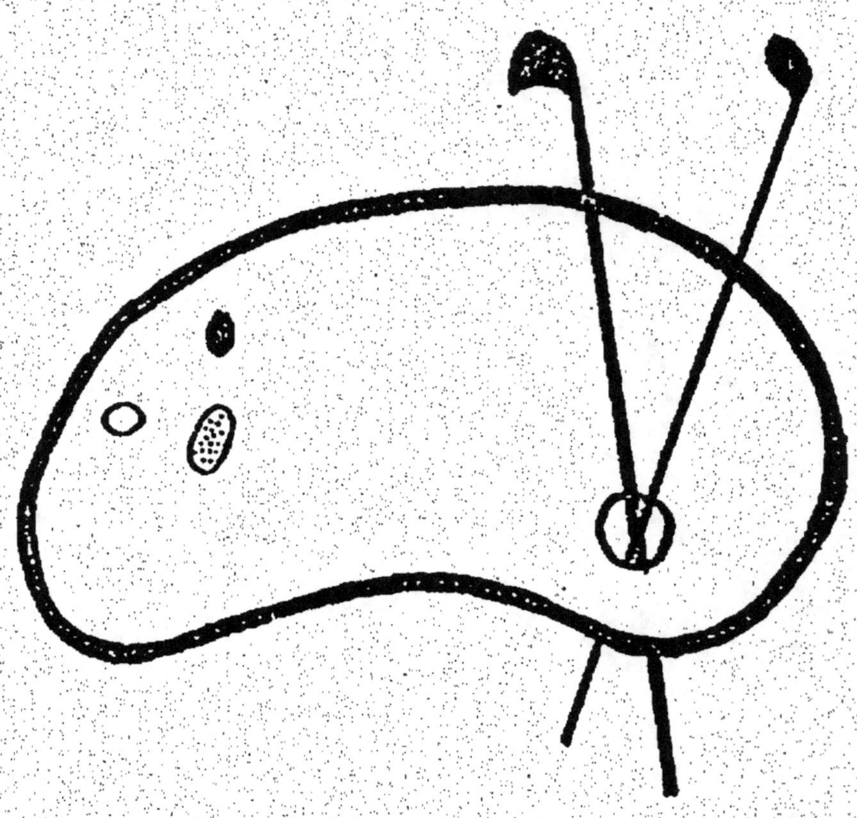

ORIGINAL EN COULEUR
NF Z 43-120-8

www.ingramcontent.com/pod-product-compliance
Lightning Source LLC
LaVergne TN
LVHW052159050726
842523LV00017B/419